文史哲學集成

龔顯宗 著

明初越派文學批評研究

文史哲出版社 印行

文史哲學集成 195

明初越派文學批評研究

著者：龔顯宗
出版者：文史哲出版社
登記證字號：行政院新聞局局版臺業字〇七五五號
發行所：文史哲出版社
印刷者：文史哲出版社
臺北市羅斯福路一段七十二巷四號
郵撥〇五一二八八一二彭正雄帳戶
電話：三五一一〇二八
實價新台幣三八〇元
中華民國七十七年七月初版

明初越派文學批評研究　目次

一、宋學士文粹十卷補遺一卷　明洪武八年（乙卯、一三七五）刊鈔補本

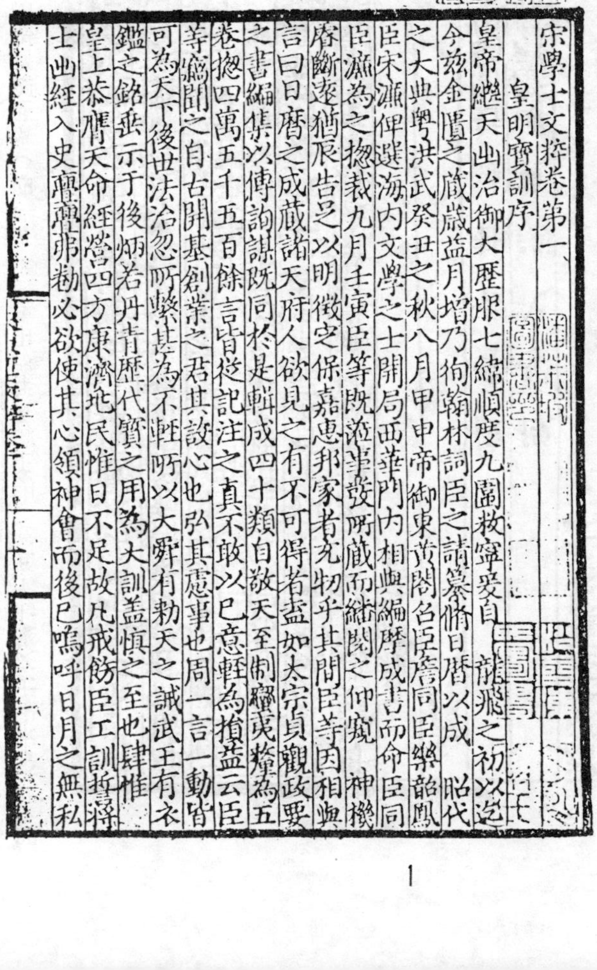
宋學士文粹卷第一
皇明寶訓序
皇帝繼天出治御大歷服七綿順度九圍救寧爰自龍飛之初以迄
今茲金匱之藏歲益月增乃徇翰林詞臣之請纂脩日曆以成　昭代
之大典粵洪武癸丑之秋八月甲申帝御東黄閣召臣詹同臣樂韶鳳
臣宋濂俾選海内文學之士開局西華門内相與編摩成書而命臣同
臣濂為之總裁九月壬寅臣等既承上敕所藏而紬閱之仰窺　神機
睿斷英猷宸告之以明徵定保嘉惠邦家者充牣乎其間臣等因相與
言曰日曆之成藏諸天府人欲見之有不可得者盍如太宗貞觀政要
之書編集以傳詢謀既同於是輯成四十類自敬天至制蠻夷為五
卷總四萬五千五百餘言皆從記注之真不敢以己意輕為損益云臣
等竊聞之自古開基創業之君其設心也弘其慮事也周一言一動皆
可為天下後世法治忽所繫甚為不輕所以大舜有勅天之誡武王有衣
鑑之銘垂示于後炳若丹青歷代寶之用為大訓蓋慎之至也肆惟
皇上恭膺天命經營四方康濟兆民惟日不足故凡戒飭臣工訓誓將
士出經入史齊聖弗勸必欲使其心領神會而後已嗚呼日月之無私

二、宋學士續文粹十卷附錄一卷　明建文三年（辛巳、一四〇一）浦陽鄭氏義門書塾刊本

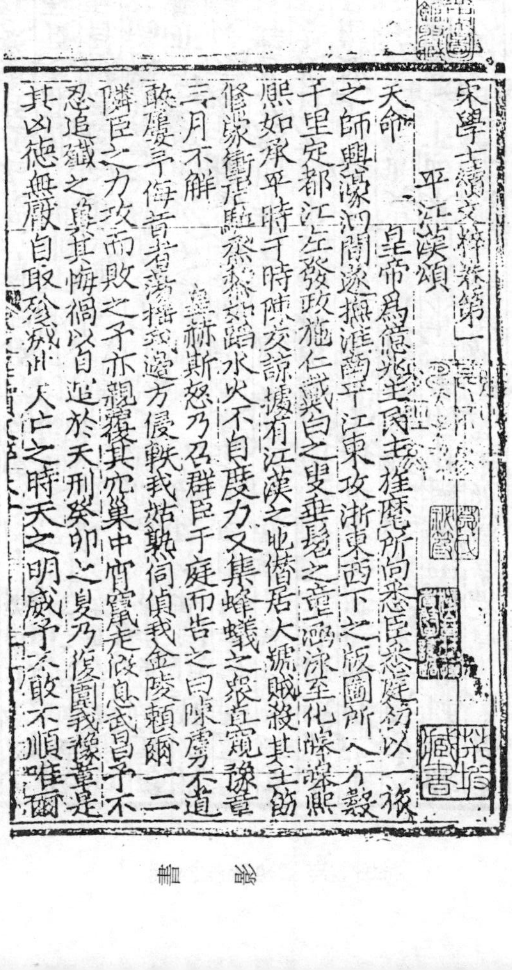
宋學士續文粹卷第一
平江漢頌
天命　皇帝爲億兆主民主推歷所尚惡臣恭庭紛以一旅
之師興濠泗間遂撫淮甸平江東攻浙東西下之版圖所入方數
千里定都江左發政施仁戢異己叟垂髫之童涵泳至化皞皞熙
熙如承平時于時陳友諒據有江漢之地僭居大號賊殺其主翦
修蹤衡芘驅烝黎蹈水火不自度力又集蜂蟻之衆真窺豫章
敢慶乎侮嗇者蕩搖我邊方侵軼我姑孰伺偵我金陵頓爾一二
三月不解　皇赫斯怒乃召群臣于庭而告之曰陳虜不道
隣臣之力攻而敗之予亦親覆其穴巢中宵竄走假息武昌予不
忍追殲之冀其悔禍以自追於天刑癸卯之夏乃復圖我豫章是
其凶德無厭自取殄殲亡之時天之明威予不敢不順惟爾

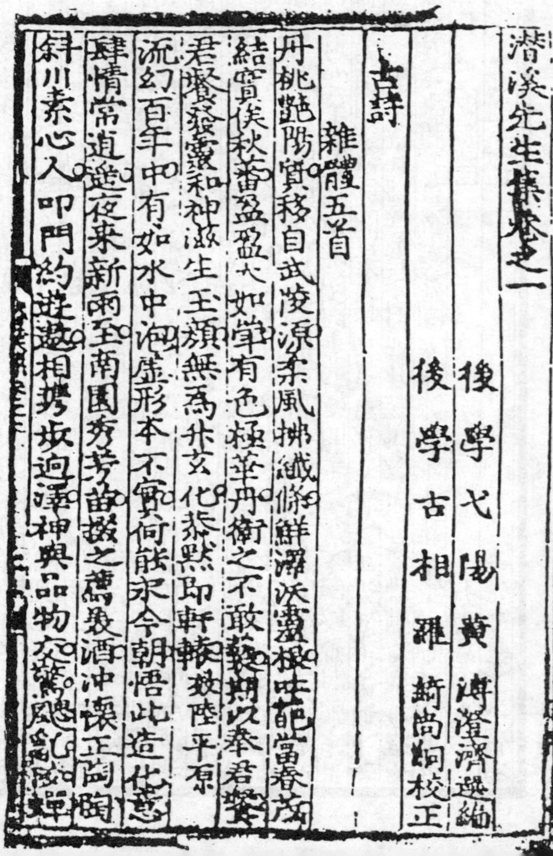

潛溪先生集卷之一

後學弋陽黃溥澄濟選編
後學古相羅莳尚絅校正

古詩

雜體五首

丹桃艷陽質移自武陵源柔風拂纖條鮮澤沃靈根吐葩當春茂
結實俟秋蕃盈盈大如掌有色極華丹御之不敢褻期以奉君餐
君餐發靈和神滋生玉顏無為非玄化恭默即軒轅歡陸平原
流幻百年中有如水中泡虛形本不實何能永令朝悟此造化意
肆情常追遊夜來新雨至南園芳菲發之燕及酒沖讓正陶
斜川素心入叩門約遊遨相携坂迥澤神與品物交遊風亂蟬

三、潛溪先生集十八卷附錄一卷　明天順元年（丁丑、一四五七）弋陽黃氏蜀中刊本

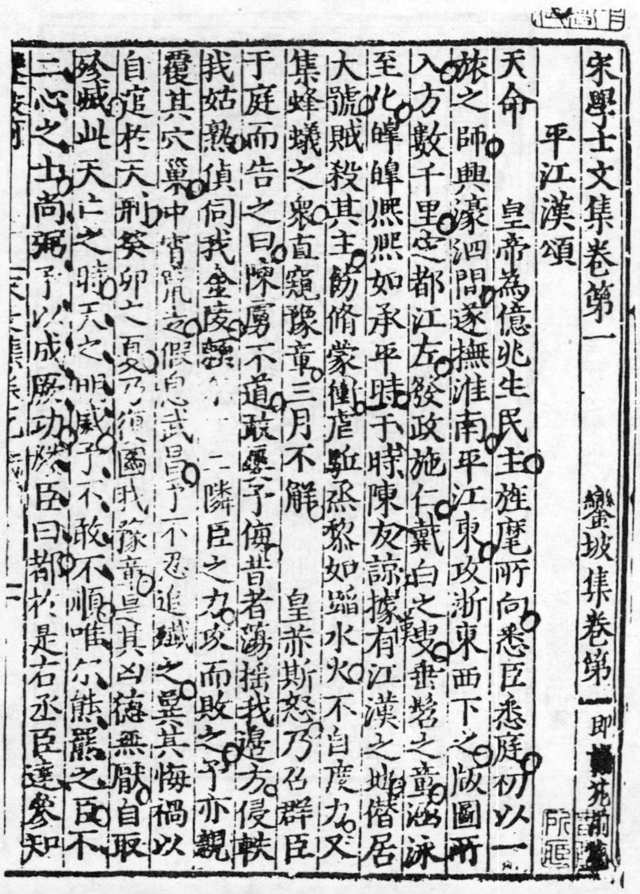

宋學士文集卷第一　鑾坡集卷第一

平江漢頌

天命　皇帝為億兆生民主旌麾所向悉臣悉庭初以一
旅之師興濠泗間遂撫淮南平江東攻浙東西下之版圖所
入方數千里定都江左發政施仁戴白之叟垂髫之童涵泳
至化皞皞熙熙如承平時于時陳友諒據有江漢之地僭居
大號賊殺其主紡脩衆僭虐驅烝黎如蹈水火不自度力又
集蜂蟻之衆直窺豫章三月不解　皇帝斯怒乃召群臣
于庭而告之曰陳友諒不道敢侮予侮昔者蕩搖我邊方侵軼
我姑熟偵伺我金陵鬩予二隣臣之九攻而敗之予亦覬
覆其穴巢中肯既竄假息武昌予不忍進殲之冀其悔禍以
自逭於天刑癸卯之夏乃復圖我豫章是其凶德無厭自取
殄滅此天亡之時天之明威予不敢不順唯爾熊羆之臣不
二心之士尚弼予以成厥功於臣曰都於是右丞臣達參知

四之一、宋學士文集七十五卷　明正德九年（甲戌、一五一四）漕運總督張縉刊本

四之二

宋學士文集卷第十一　　鑾坡集卷第一 翰苑

嘉瓜頌

皇明式于九圍德漸仁被和氣薰蒸靈物効祥乃洪武五年
夏六月嘉瓜生于句容張觀之園與實同蔕圓如合璧奇姿
分輝紺色交映誠爲曠世之瑞壬寅京尹臣遇林函以素甌
圖其形于上移文戲曹請以奏聞癸卯尚書臣凱等奉瓜以
獻時　上御武樓中書右丞相臣廣洋左丞臣庸同知
大都督府事臣英御史中丞臣寧翰林學士臣濂咸侍左右
天顏怡愉重瞳屢回良久乃言曰以之往牒其事云何丞相
奏言　漢元和中嘉瓜生于郡國而亦獻嘉瓜禎祥之應
有自來矣　陛下臨御四方勤勞政事故天錫之珍符太平
有象實見于茲　上謙讓弗居祇以靈貺之臻復不可
不承乃　詔內臣賓諸乾清宮翌日甲辰薦諸　太廟臣濂
退而思之夫瓜蓏之屬也其蔓延引其葉阜蕃諸傳有之神

四之三

宋學士文集卷第二十一　　翰苑續集卷之一

瑞巖和尚語録序

予觀大梵天王問佛決疑經所載梵王以金色波羅花獻
佛請爲說法佛拈花示衆人天百萬悉皆罔措獨金色頭陀
破顏微笑佛云吾有正法眼藏涅槃妙心實相無相[illegible]付摩
訶迦葉嗚呼此非禪家綱宗之初乎人生而靜性本[illegible]
大月輪光明徧照凡蘇迷盧境界皆攝性者人[illegible]河海小而
沼沚無不有月是故在百億水則百億之月[illegible]所而瞻之
而中天之月未嘗分也月[illegible]以水喻則[illegible]也一[illegible]爲千萬
千萬爲一初無應者亦[illegible]微無間也大
聖全體皆真不失其圓[illegible]如月在[illegible]無纖毫障翳清
光燁如也凡夫爲結習所使業識所纏而昏迷暗昧趨如月
在濁水固已昏冥無見加以衆鬨四興亂濤鼓浪魚龍出沒
變幻恍惚欲求一際之明[illegible]不可得矣故聖人之心主乎靜

四之四

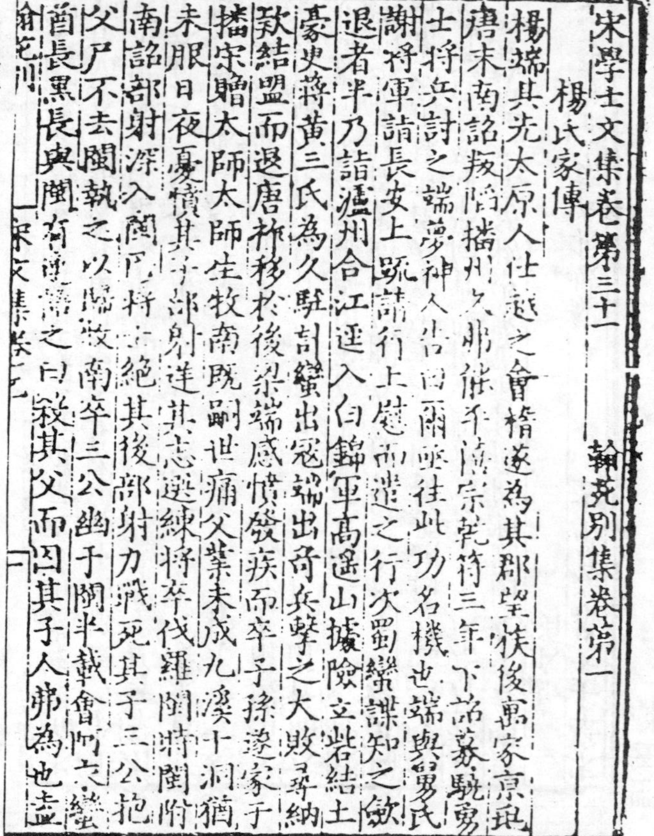

宋學士文集卷第三十一　　翰苑別集卷第一

楊氏家傳

楊端其先太原人仕越之會稽遂為其郡望族後寓家京兆唐末南詔叛陷播州久非能平僖宗乾符三年下詔募驍勇士將兵討之端夢神人告曰爾亟往此功名機也端與舅氏謝將軍請長安上疏請行上壯而遣之行次蜀蠻諜知之斂退者半乃詣瀘州合江逕入白錦軍高遥山據險立砦結土豪史蔣黃三氏為久駐計蠻出寇端出奇兵擊之大敗尋納款結盟而退唐祚移於後梁端感憤發疾而卒子孫遂家于播宋贈太師太師生牧南既嗣世痛父業未成九溪十洞猶未服日夜憂憤其子部射進其志選練將卒伐羅閩時閩附南詔部射深入閩[illegible]將[illegible]絕其後部射力戰死其子三公抱父尸不去閩執之以歸狀南卒三公幽于閩半載會閩亡蠻酋長黑長與閩有[illegible]之曰殺其父而囚其子人弗為也盡

四之五

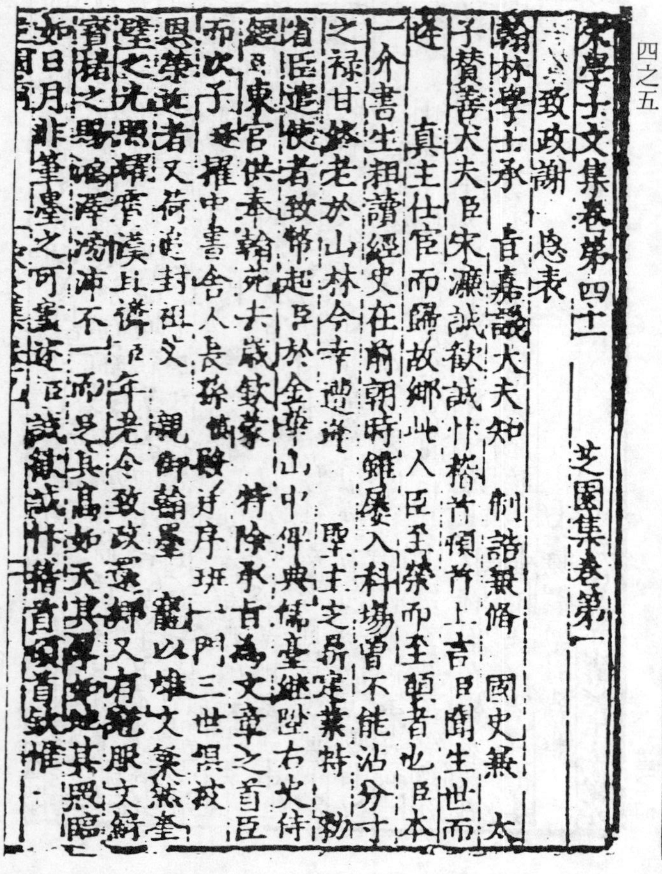

宋學士文集卷第四十一　　芝園集卷第一

表　致政謝　恩表

翰林學士承　旨嘉議大夫知　制誥兼脩　國史兼　太子贊善大夫臣宋濂誠歡誠忭稽首頓首上言臣聞生世而逢　真主仕宦而歸故鄉此人臣至榮而至願者也臣本一介書生粗讀經史在前朝時雖屢入科場曾不能沾分寸之祿甘終老於山林今幸遭逢　聖主定鼎建業特勑省臣遣使者致幣起臣於金華山中俾典儒臺繼陞右史侍經　東宮供奉翰苑十有九載欽蒙　特除承旨為文章之首臣而次子[illegible]羅中書舍人長孫[illegible]序班三世俱被恩榮近者又荷　進封祖父　親御翰墨寵以雄文氣焰奎壁之光照耀雲漢臣謹[illegible]年老令致政還鄉又有　詔服文綺寶楮之賜鴻恩滂沛不一而足其高如天其厚如地其照臨如日月非筆墨之可盡述臣誠歡誠忭稽首頓首欽惟

四之六

宋學士文集卷第五十一

徐教授文集序　芝園後集卷第一

曹丕有言文章者不朽之盛事其故何哉夫山之巍然有時
而崩也川之泓然有時而竭也金與石至固且堅亦有時而
銷泐也文辭所寄不越乎竹素之間而謂其能不朽者盖天
地之間有形則弊文者道之所寓也道無形也其能致不朽
也宜哉是故天地未判道在天地天地既分道在聖賢聖賢
之歿道在六經凡存心養性之理窮神知化之方天人感應
之機治忽存亡之候莫不畢書之皇極賴之以建彝倫賴之
以叙人心賴之以正此豈細故也哉後之立言者必期無背
於經始可以言文不然不足以與此也是故攜沙走石飄忽
奔放者非文也牛鬼蛇神佹誕不經而弗能宣通者非文也
桑間濮上危絃促管徒使五音繁會而淫靡過度者非文也
情緣憤怒辭專譏訕怨尤勃興和順不足者非文也縱橫捭

四之七

宋學士文集卷第六十一　芝園前集卷第一

義門銘

天地之間有大防焉孝友之謂也水之始也濫觴爾苟無土
以障之則必至於滔天火之初也熒熒爾苟非水以制之則
必至於燎原人心感物而動不能無欲其端亦甚微不有孝
友之人出爲表式則淪胥以成風而彝倫斁矣昔者先王有
見於斯雖委巷剌草之民能行之者必旌命之所以贊王治
章人風而挽之於正也世之評史者且謂張公藝李知本
劉君良孝行推於友睦教也不弊真聚族之士嗚呼當是時
全章紫綬之賢皁盖朱轓之英布列中外未嘗無之顧以豪
傑歸於閭巷之士者以其不俟教令所加而後奮也嗚呼南
陔白華之詩盖亦商之末世周之盛德也斯民以孝友著稱
君子可以觀其世矣浦陽黃氏其先出文節公廷堅同所自
出有諱度者宋隆興癸未進士亦諸祖也九至正中傳至諱

四之八

宋學士文集卷七十一　　朝京稾卷第一

臨濠費氏先塋碑

皇帝登大位之三年覲四方之既平嘉諸將之勲烈迺十一
月丙申大封功臣爲公侯錫以鐵劵俾傳諸子孫於是臨濠
費侯由僉大都督府事進開國輔運推誠宣力武臣榮祿大
夫柱國平凉侯旣而復詔賢豪之生基德累仁必歸于其先
乃推榮其三世侯之曾大父五一府君贈驃騎將軍都指揮
使護軍追封靈璧縣子大父六三府君贈鎭國將軍僉大都
督府事護軍追封江甯伯顯考七五府君贈榮祿大夫同知
大都督府事柱國追封平凉侯曾祖妣季氏祖妣父妣兩何
氏皆從其夫爵邑爲夫人命書旣下侯用牲醴詣五河告祭
于先塋榮光赤然照曜宴壤山雲宰木飛揚煒奕皆有異氣
自是歲時奉祀惟恭侯嘗謂余曰吾世畝曰泯至于吾躬遭
時遇主嘗自拔行伍中以戰或捍凡十八年始于江淮

潛溪集卷一　　金華宋濂著

國朝名臣序頌

帝王之興必有不世出之人蒙以自赴雲龍風虎之
會場所謂睦人作而萬物覩者是已我皇元受天明
命撫安方夏天戈所指萬方畢從是故一鼓而諸部
服再鼓而夏人納款三鼓而完顏氏請降四鼓而南
宋東西出日之出入罔不洽被聲教共惟帝臣雖
曆謀雄斷動無不勝亦頼熊羆之士不二心之臣有
以誕宣天威故攻成治定若是之神速也自今觀之
臨陣攻城無戰弗克則有若魯國忠武王之倫面折

五、潛溪集八卷　明嘉靖十五年（丙申、一五三六）海陵徐嵩重刊本

六、潛溪先生集十八卷附錄一卷　明嘉靖二十二年（癸卯、一五四三）
成都知府傅應祥刊本

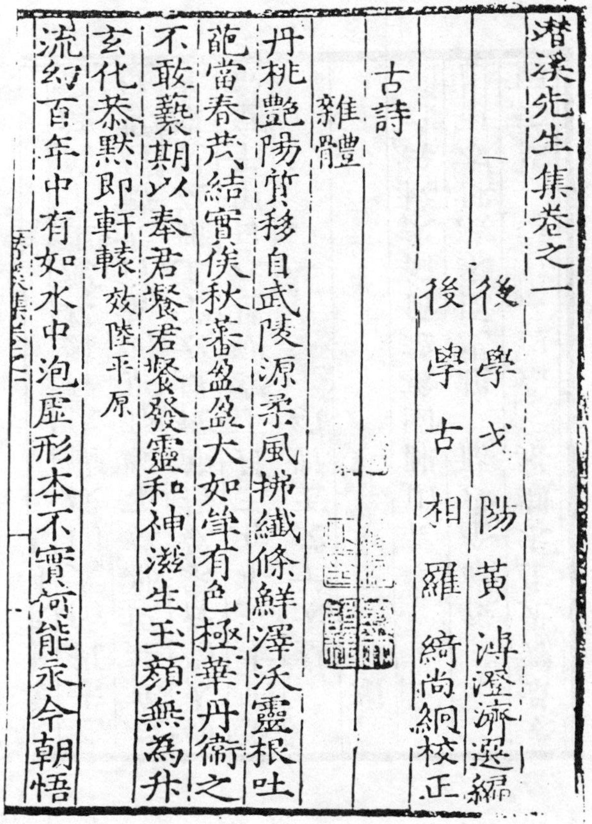
潛溪先生集卷之一
後學戈陽黃溥澄濟選編
後學古相羅綺尚絅校正
古詩
雜體
丹桃艶陽質移自武陵源柔風拂纖條鮮澤沃靈根吐
葩當春芳結實俟秋蕃盈盈大如斗有色極華丹衛之
不敢褻期以奉君餐君餐發靈和神滋生玉顏無為升
玄化恭默即軒轅　效陸平原
流幻百年中有如水中泡區形本不實何能永令朝悟

七、新刊宋學士全集三十三卷　明嘉靖三十年（辛亥、一五五一）浦江
知縣韓叔陽刊本

新刊宋學士全集卷之一
賜進士第文林郎浦江縣知縣高淳韓叔陽彙集
後學浦江張元中編次
庠生張孟[illegible]校正
表　凡四章
進大明律表
臣聞天生烝民不能無欲欲動情勝詭偽日滋強暴縱其侵陵
柔懦無以自立故聖人者出因時制治設刑憲以為之防欲使
惡者知懼而善者獲寧傳所謂獄者萬民之命所以禁暴止邪
養育群生者也譬諸禾黍必刈稂莠而後苗始茂方於白粲必
去沙礫而後食可飧苟梗化敗俗之徒不有以誅之雖堯舜不

宋景濂先生未刻集
後學金沙蔣　超虎臣家藏抄本
長山陳國珍楚倚編次校梓

頌

皇太子受玉冊頌

至正十五年春三月丁亥朔越八日甲午皇帝
命太尉汪家奴持節授皇太子玉冊及冕服九
旒在廷臣鄰莫不駿奔來朝恭行大禮越翼日
乙未復詔大明殿俯伏拜舞躬上千萬歲壽

宋景濂未刻集　一

八之一、宋景濂先生未刻集一卷　清初長山陳國珍刊本

世

塔銘

妙果禪師塔銘

至正初余得祁若虛公所著妙果禪師語錄序
而讀之其稱師之道有云江河朔南一碧萬頃
有大尊宿譬若摩尼之珠高懸虛空日月星辰
山河草木悉現其中人天鬼神蠢動之衆一一
內向皆自以爲得所攝受而殊本無留礙余竊
意正宗寥落龍象分散而[illegible]安復有斯人哉處
公爲人善巧深入禪觀故特溢美於師以起人

宋景濂未刻集　三

八之二

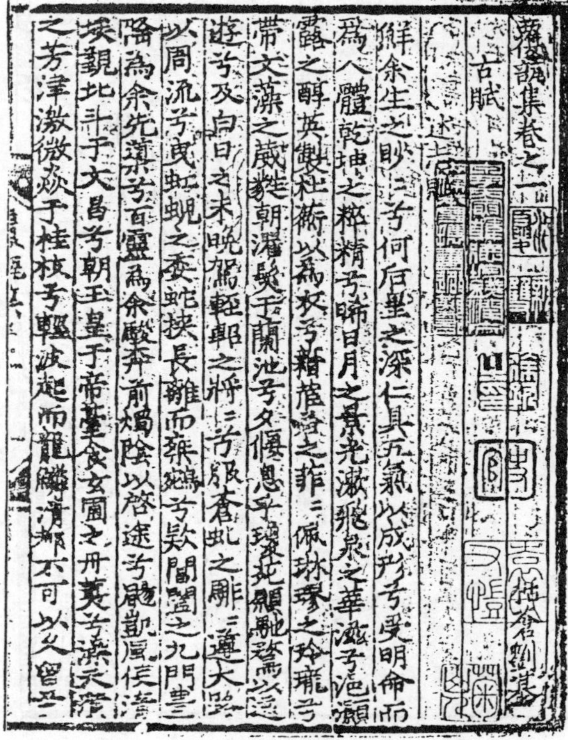
覆瓿集卷之一
古賦
述志賦
維余生之眇眇兮何后皇之深仁具五氣以成形兮受明命而
為人體乾坤之粹精兮睎日月之景光漱飛泉之華滋兮挹沆瀣
露之醇英製杜衡以為衣兮緝[illegible]之菲菲佩琳瑯之玲瓏兮
帶文藻之葳蕤朝濯髮乎蘭沚兮夕偃息乎瓊苑驅騏驥以遠
遊兮及白日之未晚駕輕軿之翔翔兮服蒼虬之雕雕遵大路
以周流兮曳虹蜺之委蛇挾長離而薙鵷兮欻閶闔之九門豈
險為余先導兮百靈為余殿奔前燭陰以啓途兮驂鸞凰使濟
挾覲北斗于文昌兮朝玉皇于帝臺受玄圖之冊奠兮濛天漢
之芳津激微焱于桂枝兮輕波起而龍鱗清鄉不可以久留兮

九、覆瓿集二十四卷　明初刊本

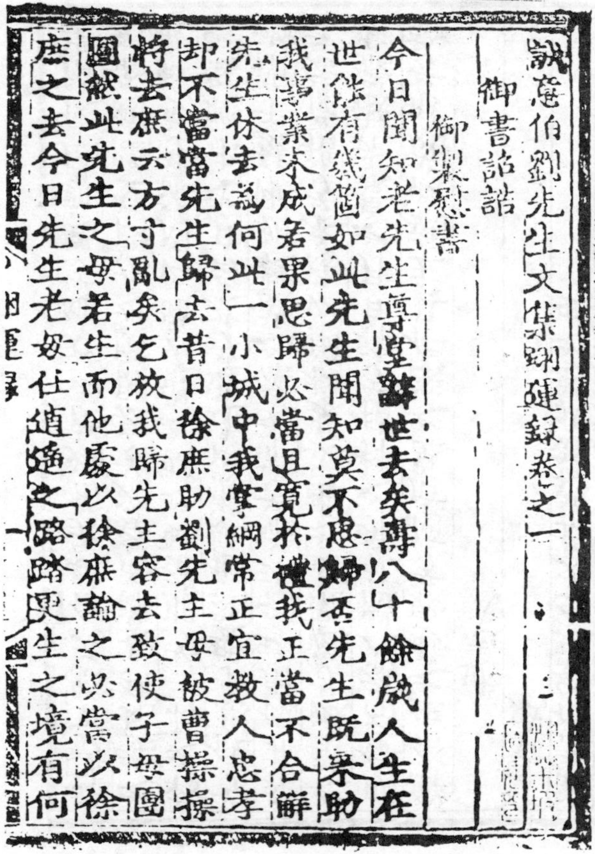
誠意伯劉先生文集翊運録卷之一
御書詔誥
御製慰書
今日聞知老先生尊堂壽世去矣壽八十餘歲人生在
世能有幾箇如此先生聞知莫不思歸否先生既要助
我應業大成若果思歸必當且寛於禮我正當不合辭
先生休去為何此一小城中我掌綱常正宜教人忠孝
却不當當先生歸去昔日徐庶助劉先主母被曹操操
將去庶云方寸亂矣乞放我歸先主容去致使子母團
圓欲此先生之母若生而他處以徐庶論之必當以徐
庶之去今日先生老母仕逍遥之路踏更生之境有何

十之二、誠意伯劉先生文集二十卷　明成化六年（庚寅、一四七〇）浙江巡按戴用刊本

十之二

誠意伯劉先生文集郁離子卷之一

千里馬第一

[illegible]出使[illegible]諸內

[illegible]

良矣欲[illegible]之[illegible]外及南[illegible]

[illegible]之[illegible]組[illegible]之明將[illegible]綱羽之[illegible]

天下之[illegible]能從其所於是遺賦[illegible]

思以[illegible]

之與[illegible]古匠人以木[illegible]事即後世乃以土偶

非先王之俗[illegible]不周於今之人也乃求諸心以不以貌

肖而今反之矣今予又以古反之所鳴則已鳴必有庾

郁離子卷之一　一

十之三

誠意伯劉先生文集覆瓿集卷之五

古賦

述志賦

鮮余生之眇眇兮何后皇之深仁具五氣以成形兮受明命而為人體乾坤之粹精兮睇日月之景光漱飛泉之華滋兮浥灝露之醇英製杜蘅以為衣兮藉茝若之菲菲佩琳瓔之玲瓏兮帶文藻之葳蕤朝濯髮于蘭池兮偃息乎瓊苑顧駛騖以速遊兮及白日之未晚駕輕軺之將將兮服蒼虬之騑騑遵大路以周流兮曳虹蜺之委蛇狹長離而蔡鷞兮款閶闔之九門豐隆為余先導兮百靈為余駿奔前燭陰以啓途兮颮風使清埃

覆瓿集卷之五　一

十之四

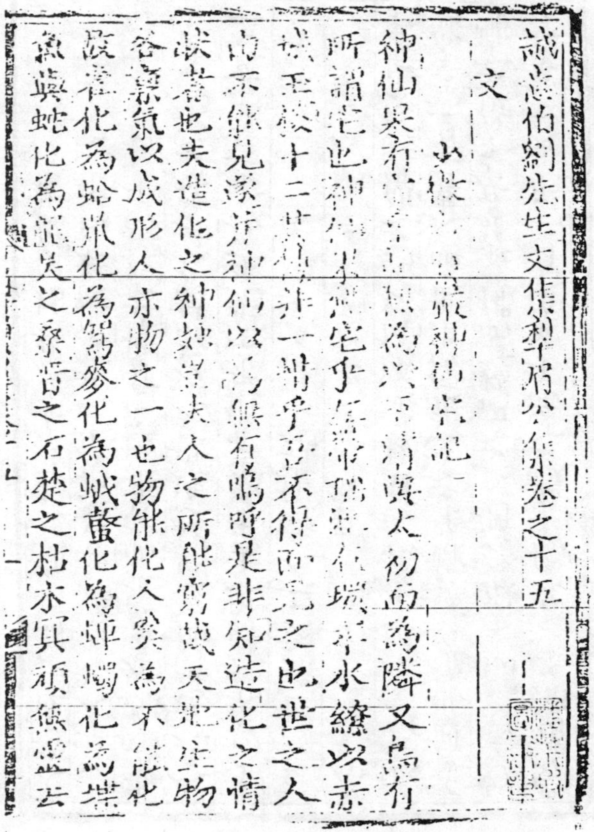
誠意伯劉先生文集犁眉公集卷之十五
文
[illegible]神仙記
神仙果有[illegible]為[illegible]清[illegible]太初而為降又烏有
所謂宅也神[illegible]宅乎[illegible]於瑤[illegible]水繚以赤
城玉樓十二[illegible]非一世乎[illegible]不得而見之也世之人
而不能見其所[illegible]神仙[illegible]無有[illegible]呼是非知造化之情
狀者也夫造化之神妙[illegible]夫人之所能窮哉天地生物
各稟氣以成形人亦物之一也物能化人[illegible]為不能化
[illegible]者化為蛤鼠化為鴽麥化為蛾螢化為蟬蠋化為蝶
魚與蛇化為龍[illegible]之[illegible]之石楚之枯木[illegible]無[illegible]云

十之五

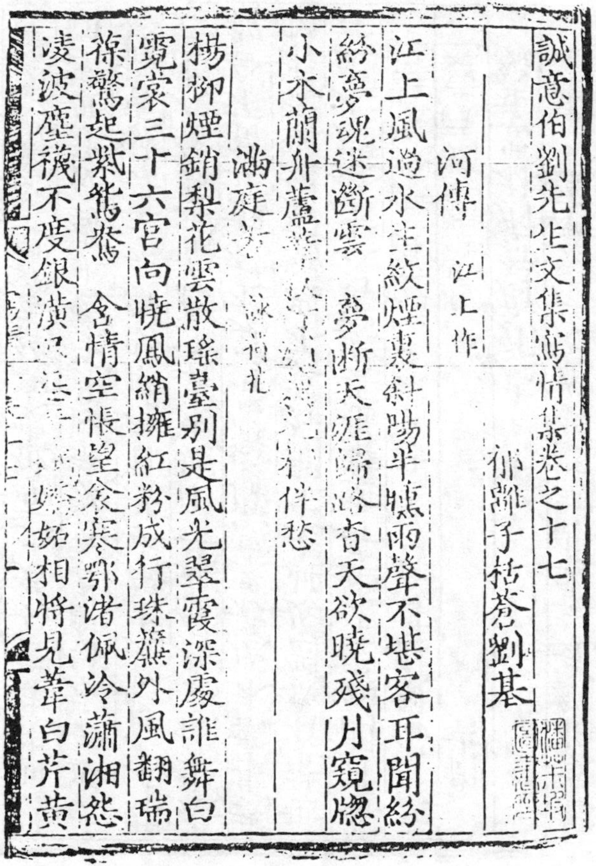
誠意伯劉先生文集寫情集卷之十七
郁離子括蒼劉基
河傳 江上作
江上風過水生紋烟裹斜陽半𥇦雨聲不堪客耳聞紛
紛夢魂迷斷雲 夢斷天涯歸路杳天欲曉殘月窺窻
小木蘭舟蘆葦[illegible]伴愁
滿庭芳 詠梨花
楊柳烟銷梨花雲散瑤臺別是風光翠霞深處誰舞白
霓裳三十六宮向曉風綃擁紅粉成行珠簾外風翻瑞
葆驚起[illegible]鴛鴦 含情空悵望參寒鄂渚佩冷瀟湘愁
凌波塵襪不度銀潢[illegible]相將見葦白芹黄

十之六

嘗謂鄭子之文獨予識之而不意復有二子彼二子者
好為文則不取諸時人之所趨而獨慕於居下位之鄭
子何耶予既喜鄭子之文獲傳于世而又喜有二子能
識世人之所不識而自拔于流俗以為之傳也於是乎
序

照玄上人詩集序

予初來杭時求士于鄭希道先生先生為余言照玄上
人之為詩雄俊峭拔近世之以能詩名者莫之先也余
素知鄭君善鑒而言不過心常懷之及訪于杭[illegible]無能
言上人之能詩者必竊怍之及余徙居白塔之下而上
人乃住持蔣松塢之壽寧寺於是始得徧觀其所

十一、誠意伯劉先生文集二十卷　明正德十四年（己卯、一五一九）處州刊本

誠意伯劉先生文集翊運錄卷之一
處州府知府林富重編

御書

御製慰書

今日聞知老先生尊堂辭世去矣壽八十餘歲人生在
世能有幾箇如此先生聞知莫不思歸否先生既來助
我事業未成若果思歸必當且寬於禮我正當不合解
先生休去為何此一小城中我掌綱常正宜教人忠孝
却不當先生歸去昔日徐庶助劉先主母被曹操將
去庶云方寸亂矣乞放我歸先主容去致使子母團圓
然此先生之母若生而他處以徐庶論之必當以徐庶

十之一、誠意伯劉先生文集二十卷　明成化六年（庚寅、一四七〇）浙江巡按戴用刊本

太師誠意伯劉文成公集卷之一

巡按直隸監察御史縉雲後學樊獻科編次

御書

御製慰書

今日聞知老先生尊堂辭世去矣壽八十餘歲人生在世能有幾箇如此先生聞知莫不思歸否先生既來助我事業未成若果思歸必當且寬於禮我正當不合解先生休去為何此一小城中我掌綱常正宜教人忠孝却不當當先生歸去昔日徐庶助劉先主母被曹操操將去庶云方寸亂矣乞放我歸先主容去致使子母團圓然此先生之母若生而他處

十之二

凡例

一彙編

舊刻翊運錄郁離子覆瓿集犁眉公寫情集各自為卷今不以名卷集于一也故卷尾識舊出某卷以備考云

一存削

原集舊本今不敢輕為去留惟非　時製者刪之刊落無首尾者削不書

一提掇

卷中遇

皇主誥勑恩詔字樣俱首提或遇處空一字別之

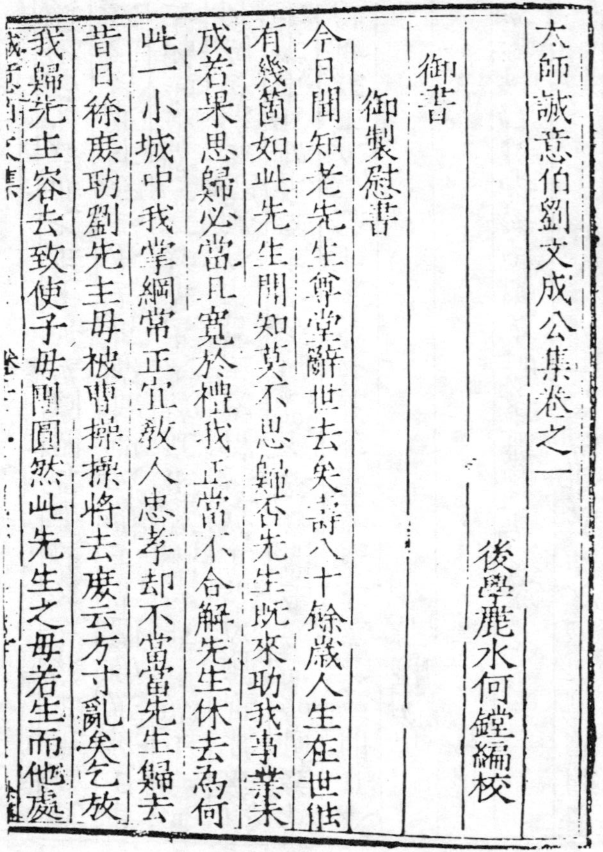
太師誠意伯劉文成公集卷之一
後學麗水何鏜編校
御書
御製慰書
今日聞知老先生尊堂辭世去矣壽八十餘歲人生在世能
有幾箇如此先生聞知莫不思歸否先生既來助我事業未
成若果思歸必當凡宄於禮我正當不合解先生休去為何
此一小城中我掌綱常正宜教人忠孝却不當先生歸去
昔日徐庶助劉先主母被曹操將去庶云方寸亂矣乞放
我歸先主容去致使子母團圓然此先生之母若生而他處
誠意伯文集

十三、太師誠意伯劉文成公集二十卷　明隆慶六年（壬申、一五七二）謝廷傑括蒼刊本

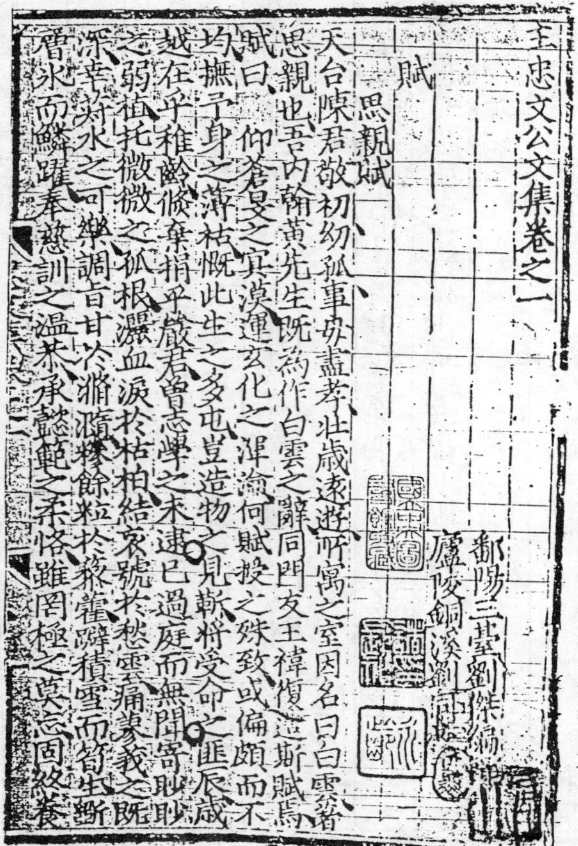
王忠文公文集卷之一
鄱陽三峯劉傑編輯
廬陵銅溪劉[illegible]
賦
思親賦
天台陳君敬初幼孤事母盡孝壯歲遠遊所寓之室因名曰白雲
思親也吾內翰黃先生既為作白雲之辭同門友王褘復述斯賦焉
賦曰仰蒼旻之冥漠運玄化之渾淪何賦授之殊致或偏頗而不
均撫予身之薄祜慨此生之多屯豈造物之見靳將受命之匪辰歲
越在乎稚齡倏棄捐乎嚴君曾志學之未逮已過庭而無聞寄眇眇
之弱植托微微之孤根灑血淚於枯柏結哀號於愁雲痛蓼莪之既
深幸菽水之可樂調旨甘於滫瀡糝餘粒於藜藿躋積雪而負薪
冒氷而鱗躍奉慈訓之溫恭承懿範之柔恪雖罔極之莫忘固終養

十四、王忠文公文集二十四卷附錄一卷　明正統間鄱陽劉傑編刊本

十五之一、王忠文公文集二十四卷　明嘉靖元年（壬午、一五二二）
金華府刊　萬曆七年（戊子、一五二八）修補本

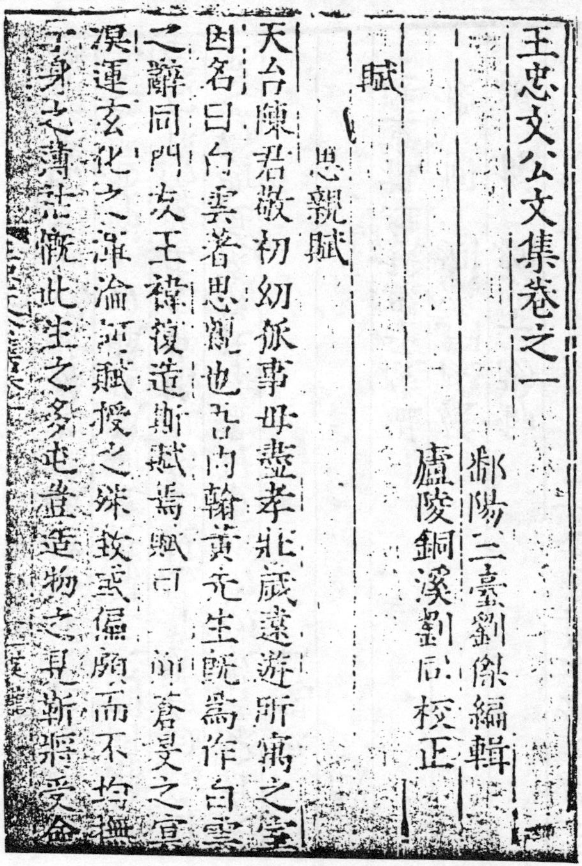
王忠文公文集卷之一
鄱陽三臺劉傑編輯
廬陵銅溪劉啟校正
賦
思親賦
天台陳君敬初幼孤事母盡孝壯歲遠遊所寓之室
因名曰白雲著思親也古內翰黃先生既爲作白雲
之辭同門友王禕復造斯賦焉賦曰　惟蒼旻之亶
漠運玄化之渾淪何賦授之殊致或偏頗而不均撫
予身之薄祜慨此生之多屯豈造物之見靳將受命

十五之二

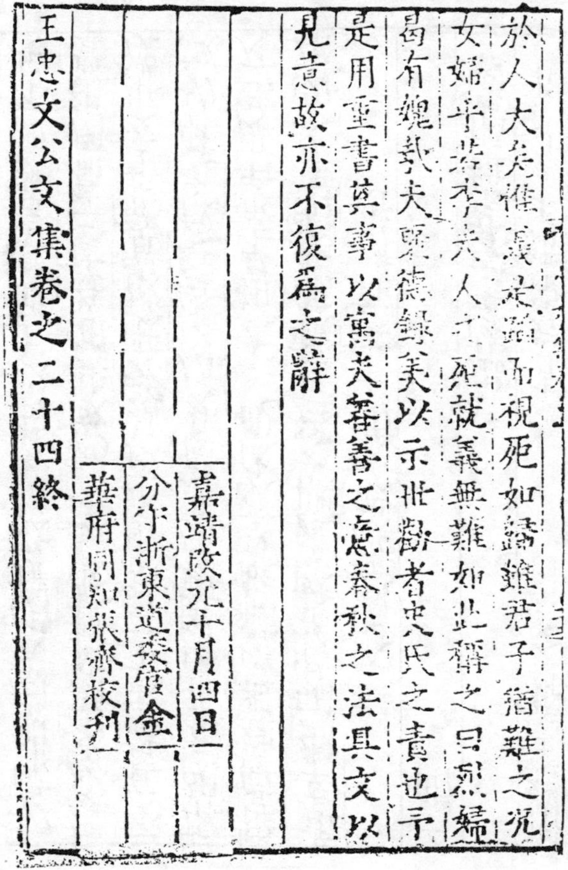
於人大義雖甚危而視死如歸雖君子猶難之況
女婦乎若李夫人之死就義無難如此舜之曰烈婦
曷有愧哉夫累德錄矣以示世勸者史氏之責也予
是用重書其事以寓夫善善之意春秋之法其文以
見意故亦不復爲之辭
嘉靖改元十月四日
分守浙東道參政金
華府同知張齊校刊
王忠文公文集卷之二十四終

王忠文公文集卷之一

鄱陽三臺劉傑編

廬陵銅溪劉同校

溫陵子環張維樞重選

賦

思親賦

天台陳君嶽衲幼孤事母盡孝壯歲遠遊所寓之室因名曰白雲著思親也吾內翰黃先生既為作白雲之辭同門友王禕復述斯賦焉賦曰　仰蒼旻之寘漠運玄化之渾淪何賦授之殊致或偏頗而不均撫

十六之一、王忠文公文集二十四卷附繼志齋文稿二卷、王贖齋詩稿一卷、王齊山稿一卷　明萬曆三十二年（甲辰、一六〇四）溫陵張維樞編刊本

附繼志齋文藁

青岩仲紹王紳著

溫陵子環張維樞選

曲

擬大明鐃歌鼓吹曲十二首并序

臣紳幸生明時獲際雍熙之治世職儒業所臣又叨竊祿位媿無以黼黻皇猷伏覩　太祖皇帝手提三尺取胡元平僭亂以啓造區夏所以定代之耻功誠不在湯武下可無所述以見咏歌哉臣竊惟漢魏以來所載鐃歌鼓吹詞做其體為十二篇用紀豐功偉烈曰大明鐃歌鼓吹曲以上雖其言無陋不足

十六之二

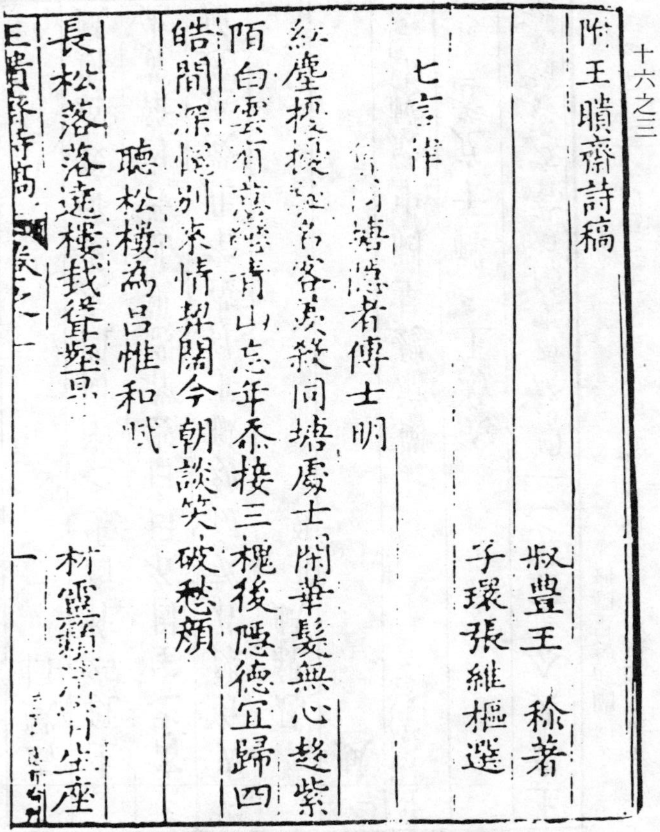
附王贖齋詩稿

叔豊王　稱著

子環張維樞選

七言律

偕同塘隱者傅士明

紅塵擾擾名客[illegible]發同塘處士閑華髮無心趁紫

陌白雲有意戀青山忘年忝接三槐後隱德宜歸四

皓間深惜別來情契闊今朝談笑破愁顏

聽松樓為呂惟和賦

長松落落遶樓栽聳[illegible]

材[illegible]出座

王贖齋詩稿　卷之一　一

十六之三

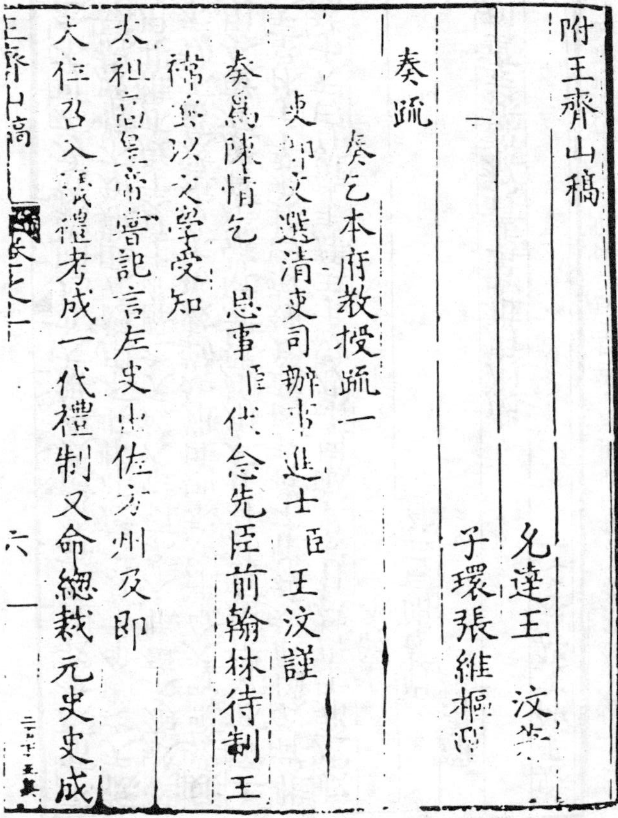
附王齋山稿

允達王　汝[illegible]

子環張維樞[illegible]

奏疏

奏乞本府教授疏一

吏部文選清吏司辦事進士臣王汝謹

奏為陳情乞恩事臣伏念先臣前翰林待制王

禕蒙以文學受知

太祖高皇帝嘗記言左史出佐方州及即

大位召入議禮考成一代禮制又命總裁元史史成

王齋山稿　卷之一　六　一

十六之四

十七、王忠文公集四十六卷附錄一卷　明崇禎十二年（己卯、一六三九）閩漳魏呈潤刊本

王忠文公集卷之一　同治癸酉重陽后九日方澣讀竟識
義烏王　禕　子充著
閩漳魏呈潤中嚴較
賦
思親賦有引
天台陳君敬初幼孤事母盡孝壯歲遠遊所
寓之室因名曰白雲著思親也吾內翰黃先
生既爲作白雲之辭同門友王禕復造斯賦
焉賦曰

十八之一、蘇平仲文集十六卷　明正統七年（壬戌、一四四二）處州推官黎諒刊本

蘇平仲文集卷之一
處州府推官章貢黎諒校正重刊
雜著
周書補亡三首
獻禾
叔虞邦于唐越有禾異畝同穎乃獻于王拜手稽首曰天子茲
惟祥我罔敢知茲惟不祥我罔敢知矧敢曰其求孚于休皇天
上帝亦既崇建有夏有商今用顛覆後亦既崇建有殷有殷今用
顛覆嗚呼天命難諶知禾則匪難知勤敷留禾乃殖敷留不勤禾
罔攸殖禾殖惟人不殖惟人政天之降命于夏于殷亦惟其用
德天之斷命于夏于殷亦惟其不用德天匪難知不常厥德肆
不常厥命我聞天有咎徵厥咎無大亦允罔或愆乃不可不念

十八之二

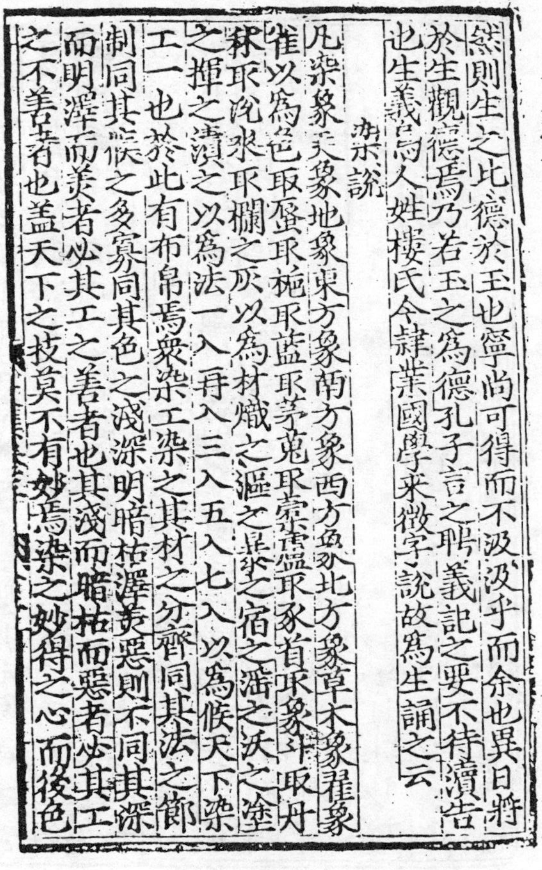

然則生之比德於玉也寧尚可得而不汲汲乎而余也異日將
於生觀德焉乃若玉之爲德孔子言之聘義記之要不待瀆告
也生義烏人姓樓氏今肄業國學來徵字說故爲生誦之云
染說
凡染象天象地象東方象南方象西方象北方象草木象翟象
雀以爲色取蚤取梔取藍取茅蒐取橐盧取豕首取象斗取丹
秫取況水取欄之灰以爲材熾之漚之畢之宿之淸之沃之塗
之揮之瀆之以爲法一入再入三入五入七入以爲候天下染
工一也於此有布帛焉衆染工染之其材之分齊同其法之節
制同其候之多寡同其色之淺深明暗枯澤美惡則不同其深
而明澤而美者必其工之善者也其淺而暗枯而惡者必其工
之不善者也蓋天下之技莫不有妙焉染之妙得之心而後色

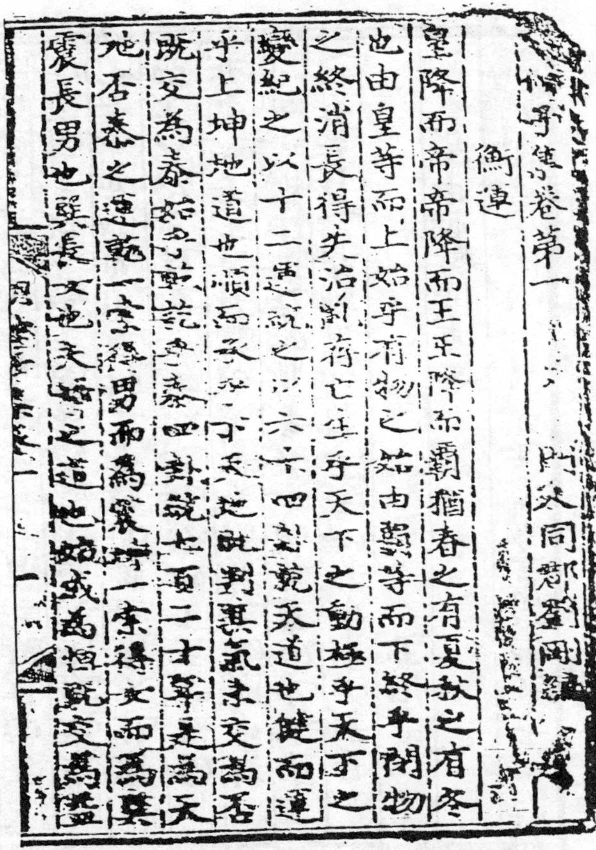

胡仲子集卷第一　門人同郡劉剛編
衡運
皇降而帝帝降而王王降而霸猶春之有夏秋之有冬
也由皇等而上始乎有物之始由霸等而下終乎閉物
之終消長得失治亂存亡生乎天下之動極乎天下之
變紀之以十二運統之以六十四卦乾天道也健而運
乎上坤地道也順而承乎下天地既判其氣未交爲否
既交爲泰始乎乾訖乎泰四卦統七百二十年是爲天
地否泰之運乾一索得男而爲震再一索得女而爲巽
震長男也巽長女也夫婦之道也始成爲恒既交爲益

十九之一、胡仲子集十四卷　明洪武十四年（辛酉、一三八一）浦陽王楙溫刊本

十九之二

學也豈著述之意哉故書其端以告承學之士本初以
進士起家師事信安戴君迪先生君迪遂於春秋其傳
蓋有所自云
古樂府詩類編序
太原郭茂倩裒次樂府詩一百卷余采其可傳者更定為
集若干卷復論之曰周衰禮樂崩壞而樂為尤甚自制
氏為時樂官能紀其鏗鏘鼓舞而不能言其意則天下
之知者鮮矣況先王之聲音度數不止其所謂鏗鏘鼓
舞哉人固不能盡紀也以是言之豈不難哉若聲詩者
古之樂章也雅鄭得[illegible]得乎其辭辨其辭而意可見非

胡仲子先生信安集卷之上
金華胡翰仲申著
衡運
皇降而帝帝降而王王降而霸猶春之有夏秋之
有冬也由皇等而上始乎有物之始由霸等而下
終乎閉物之終消長得失治亂存亡生乎天下之
動極乎天下之變紀之以十二運統之以六十四
卦乾天道也健而運乎上坤地道也順而承乎下
天地既判其氣未交為否既交為泰始乎乾訖乎
泰四卦統七百二十年是為天地否泰之運乾[illegible]

二十、胡仲子信安集二卷　明弘治十六年（癸亥、一五〇三）衢州刊本

二十一之一、密菴先生詩稿五卷文稿五卷　明天啓五年（乙丑、一六二五）
上虞謝偉重刊本

密菴先生文稿巻之六　巳集

門人始寧　任守禮校正

沛郡　劉翼南編次

六世　孫師嚴重校

七世孫偉重梓

寓軒記

宣城貢有逵氏即吳郡學宮東偏闢軒以居名之曰
寓以南行臺侍御史番陽周公所篆二大字屬予記
之余嘗受業於其伯父故尚書玩齋先生於有逵為

密菴文稿　二百九十

二十一之二

密菴先生詩稿巻之一

門人始寧　任守禮校正

沛郡　劉翼南編次

六世　孫師嚴重校

七世孫偉重梓

嬿婉辭　古詩五言

高樓有佳人被服何赤烜援琴發清彈曲盡思無
夫君赴遐征空林錦衾卷不怨嘉會遲但憂芳歲晚
憶與君別初蠶生及春暖絡衣淒以風君行猶未返

密菴詩稿　甲巻　一

二十二之一、清江貝先生文集三十卷 明洪武間原刊本

清江貝先生文集卷之一
海昌集
土偶對
岸海有古祠奉捍沙神者余暇日過之循其垣則惡木糾然而
鳥鳶噪其顛入其户則毒草茀然而虵虺蟠乎中有屋焉仆而
不支有像焉剝而不完老巫揖而進曰是祠閱五百春秋矣嘗
能以禍福恐乎人有疾必禱水旱必禱海胥濤往來者必禱
神皆荅之如響百穀歲登無蜚蝗霜雹大疫之災人既樂業至
者如歸由是翦荆棘而宮室之或光怪夜見髣髴金支翠旗自
天而降而日有事於是者靡至及其廢也咸玩而侮之神亦不
能禍福於人豈盛衰關於造物者乎余曰嘻是土木而衣冠也
昔非神也而神之者人也今非弗神也而人弗之神也若何怪
焉是夕宿于祠之旁有介而弁者見於夢曰吾既辱子子何毀

二十二之二

清江貝先生文集卷之二十九
中都集
隴上白雲詩藁序
余在錢唐時與二三子錄中州詩總若干首並編題曰乾坤清
氣蓋元初文治方興而吳興趙公子昂浦城楊公仲弘清江范
公德機蔡鏇宋之陳腐以復於唐其相繼起於朝者有蜀虞公
伯生西域馬公伯庸江右揭公曼碩莆田陳公衆仲在外則永
嘉李公五峯會稽楊公鐵崖錢唐張公向曲而河東張公仲舉
亦留三吳以樂府唱酬金舂玉應駸駸然有李杜之氣骨而熙
寧元豐諸家爲不足法矣下至四明黃公伯成山江錢公思復
亦皆卓然可觀者若天台林顯之所著隴上白雲藁則未及見
也且欲編采四方之遺兵變而輟越今二十七年當
大明洪武之十年以助教來

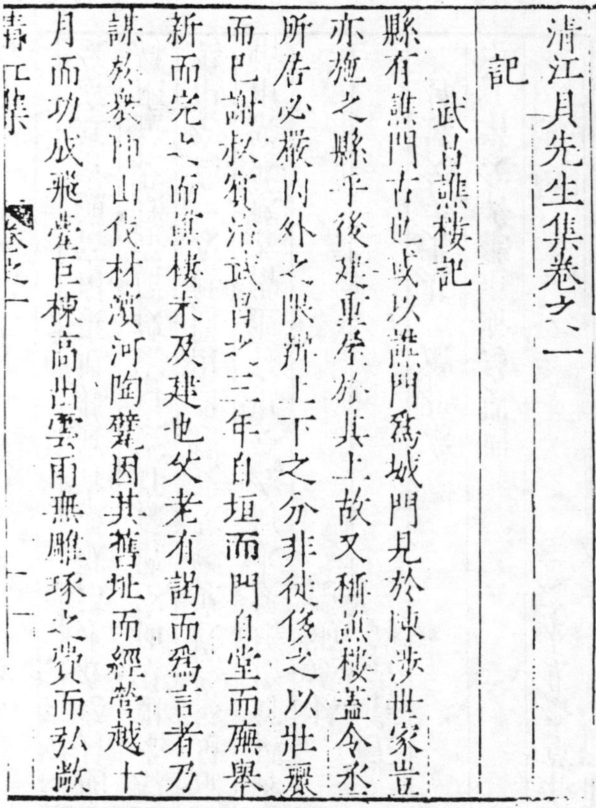
清江貝先生集卷之一
記
武昌譙樓記
縣有譙門古也或以譙門爲城門見於陳涉世家豈
亦拖之縣乎後建重屋於其上故又稱譙樓蓋令丞
所居必嚴內外之限辨上下之分非徒侈之以壯觀
而已謝叔賓治武昌之三年自垣而門自堂而廡舉
新而完之而譙樓未及建也父老有謂而爲言者乃
謀於衆伐山伐材濱河陶甓因其舊址而經營越十
月而功成飛甍巨棟高出雲雨無雕琢之費而弘敞
清江集 卷之一 一

二十三之一、清江貝先生文集四卷 明萬曆三年（乙亥、一五七五）桐鄉縣訓導李詩集貲刊本

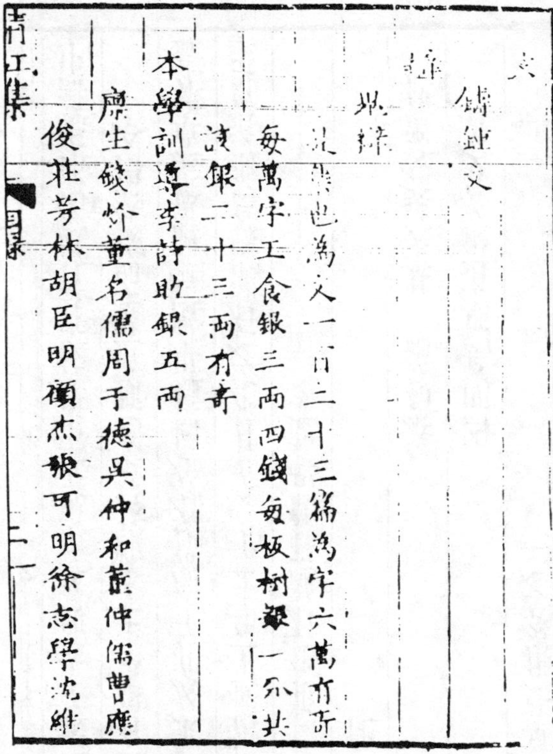
文
鋳鉅文
書
共

（此集）也爲文一百二十三篇爲字六萬有奇
每萬字工食銀三兩四錢每板樹銀一分共
該銀二十三兩有奇
本學訓導李詩助銀五兩
庠生錢竹董名儒周于德吳仲和蕭仲儒曹應
俊莊芳林胡臣明顧杰張可明徐志學沈維
清江集 目錄 二

二十三之二

春草齋集卷之一

四明烏斯道繼善父著

泰和蕭　基大美父選梓

五言古詩

松溪漁隱

青松何矯矯溪水何泠泠中有垂綸者悠悠樂中情
濯足縈陰底涼颸吹我纓四山閴無人一鳥空中鳴
層臺肅草仙空壇森百靈白雲被廣路瑤花繚幽扃
明月忽在水浩歌激青冥勝地東南富漁者江海盈

春草齋集　卷一　一

二十四之一、春草齋集十卷附錄一卷　明崇禎二年（己巳、一六二九）蕭氏浙江刊本

春草齋集卷之一

四明烏斯道繼善父著

泰和蕭　基大美父選梓

記

重建石龍縣儒學記

維洪武五年壬子夏五月化之石龍縣烏斯道既至
釋菜於孔子廟僅有屋四楹卑隘蕪陋孤處草莽蓋
舊有學至正末燬於寇也斯道退而悵然曰今
聖天子大興文治視天下學校實首風化郡縣無中

春草齋集　卷十一　記

二十四之二

二十四之三

勤勞如是他日天子用侯作霖雨侯豈異夫今日所
禱之心哉昔柳子嘗序於羣公之上謂古之贈禮必
以輕重兹其所序亦何敢辭也

乾坤清氣詩序

余嘗見良賈爲凡古圖畫彝鼎玉石之類由見之稔
而考之詳故定其是非藏否瞭然弗之眩也苟或不
爾寧有不貽笑於賞鑑之士哉良賈且然況選擇古
今詩以取信當世者乎夫詩有典有則有興有比得
三百篇之旨也混淪沖融慷慨頓挫者得十九首之

二十五之一、遜志齋集二十四卷附錄一卷　明正德十五年（庚辰、一五二〇年）姑蘇顧璘等刊本

遜志齋集卷之一

雜著

幼儀雜箴二十首有序

道之於事無乎不在古之人自少至長於其所在皆
致謹焉而不敢忽故行跪揖拜飲食言動有其則喜
怒好惡憂樂取予有其度或銘于盤盂或書于紳笏
所以養其心志約其形體者至詳密矣其進於道也
豈不易哉後世教無其法學失其本學者汩於名勢
之慕利祿之誘內無所養外無所約而人之成德者
難矣予病乎此也蓋久欲自其近而易行者爲學而

卷一

二十五之二

乎其兩得之於是乎忘其為吾友不知其處乎今之
世而君亦忘予非其偶也相洽以心相啓以言雖然
有足樂者嗟乎君之樂余知之前乎千古後乎萬世
同得是理者知之而衆人固莫之知也不蘄乎衆人
之知此君之所以合乎古人若予因君之詩而知君
之道則吾亦安知其非古人之徒耶

張彥輝文集序

昔稱文章與政相通舉其槩而言耳要而求之實與
其人類戰國以下自其著者言之莊周為人有壺觀
天地囊括萬物之態故其文宏博而放肆飄飄然若

二十六、遜志齋集二十四卷附錄一卷　明嘉靖二十年（辛丑、一五四一）蜀藩刊本

遜志齋集卷之一

雜著

幼儀雜箴二十首　有序

道之於事無乎不在古之人自少至長於其所在皆
致謹焉而不敢忽故行跪揖拜飲食言動有其則喜
怒好惡憂樂取予有其度或銘于盤盂或書于紳笏
所以養其心志約其形體者至詳密矣其進於道也
豈不易哉後世教無其法學失其本學者汩於名勢
之慕利祿之誘內無所養外無所約而人之成德者
難矣予病乎此也蓋久欲自其近而易行者為學而

遜志齋集卷之一

中順大夫浙江按察司副使奉　勅提督學校臺州范惟一　編訂

奉政大夫浙江按察司僉事奉　勅整飭兵備南昌唐堯臣　校訂

中順大夫浙江台州府知府前刑部郎中東吳王可大　校刊

雜著

幼儀雜箴二十首有序

道之於事無乎不在古之人自少至長於其所在皆
致謹焉而不敢忽故行跪揖拜飲食言動有其則喜
怒好惡憂樂取予有其度或銘于盤盂或書于紳笏
所以養其心志約其形體者至詳密矣其進於道也

遜志齋集　卷之一　一

二十七、遜志齋集二十四卷附錄一卷　明嘉靖四十年（辛酉、一五六一）浙江按察副使范惟一刊本

方正學先生遜志齋集卷之一

南京[illegible]都御史嘉善丁賓　訂　南京翰林院孔目仁和[illegible]

南京大理寺[illegible]歸安錢士完　南京禮部司務仁和羅大冠　仝校

[illegible]　後學　上元姚履旋叅閱

雜著

幼儀雜箴二十首有序

道之於事無乎不在古之人自少至長於其所在皆
致謹焉而不敢忽故行跪揖拜飲食言動有其則喜
怒好惡憂樂取予有其度或銘于盤盂或書于紳笏
所以養其心志約其形體者至詳密矣其進於道也

遜志齋集　卷之一　一

二十八、遜志齋集二十四卷附外紀二卷　明萬曆四十年（壬子、一六一二）丁賓等校刊本

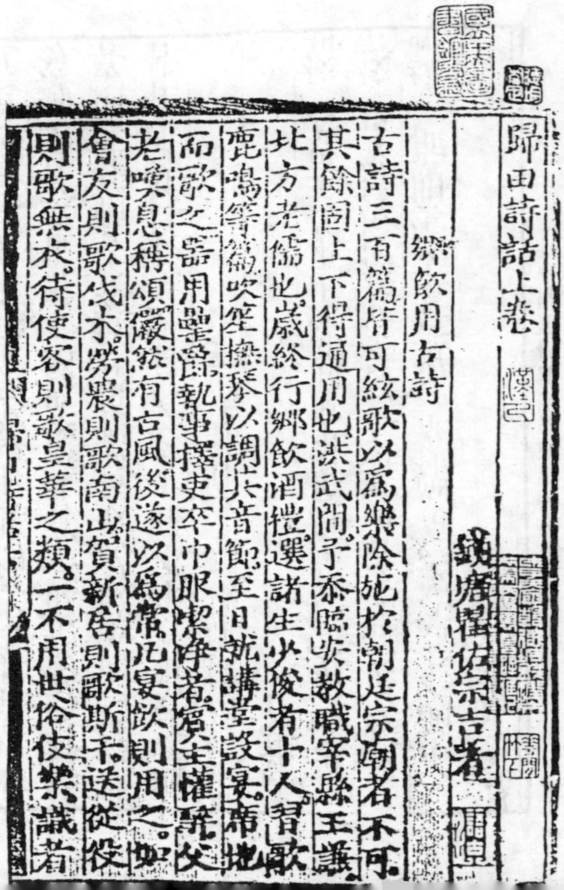
歸田詩話上卷
錢塘瞿佑宗吉著
鄉飲用古詩
古詩三百篇皆可絃歌以爲樂除施於朝廷宗廟者不可
其餘閭上下得通用也洪武間予忝臨安教職牟縣王議
北方老儒也歲終行鄉飲酒禮選諸生少俊者十人習歌
鹿鳴等篇以吹笙擊琴以調其音節至日就講堂設宴席也
而歌之器用鐘鼓執事擇吏卒巾服潔淨者賓主雍容交
老嘆息稱頌儼然有古風從遂以爲常凡宴飲則用之如
會友則歌伐木勞農則歌南山賀新居則歌斯干送從役
則歌無衣待使客則歌皇華之類一不用世俗伎樂識者

二十九、歸田詩話三卷　明成化三年（丁亥、一四六七）成化刊本

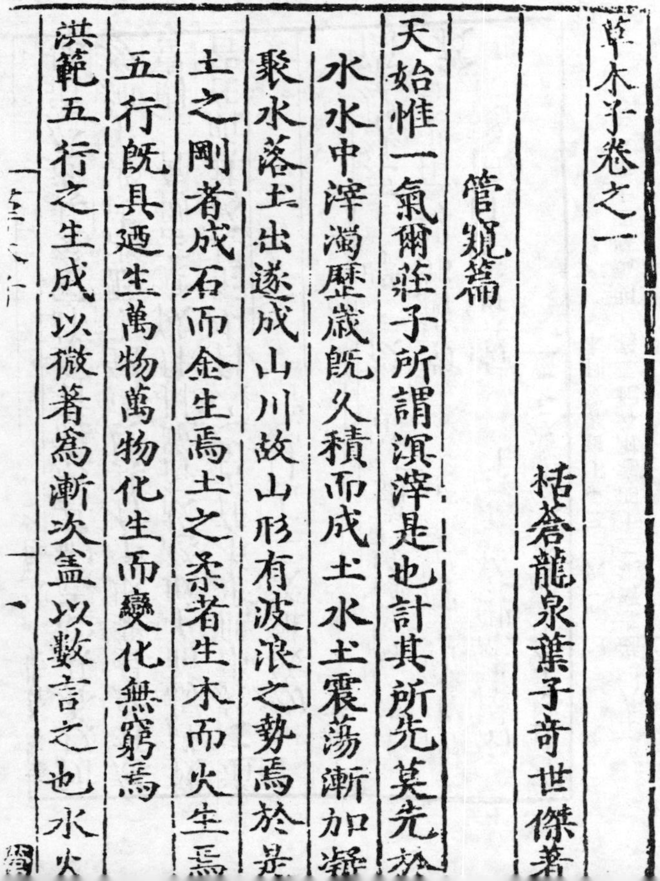
草木子卷之一
括蒼龍泉葉子奇世傑著
管窺篇
天始惟一氣爾莊子所謂溟涬是也計其所先莫先於
水水中滓濁歷歲既久積而成土水土震蕩漸加凝
聚水落土出遂成山川故山形有波浪之勢焉於是
土之剛者成石而金生焉土之柔者生木而火生焉
五行既具迺生萬物萬物化生而變化無窮焉
洪範五行之生成以微著爲漸次蓋以數言之也水火

三十、草木子四卷　明正德十一年（丙子、一五一六）葉溥福州刊本

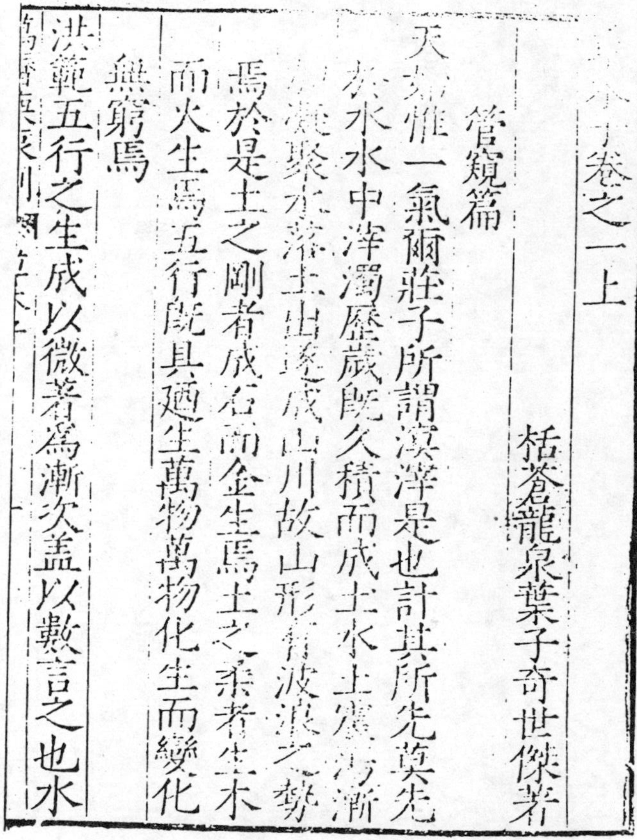
草木子卷之一上

栝蒼龍泉葉子奇世傑著

管窺篇

天始惟一氣爾莊子所謂溟涬是也計其所先莫先
於水水中滓濁歷歲既久積而成土水上凝滓漸
加凝聚水落土出遂成山川故山形有波浪之勢
焉於是土之剛者成石而金生焉土之柔者生木
而火生焉五行既具適生萬物萬物化生而變化
無窮焉
洪範五行之生成以微著為漸次蓋以數言之也水

三十一、草木子四卷　明萬曆八年（庚辰、一五八〇）重刊鈔補本

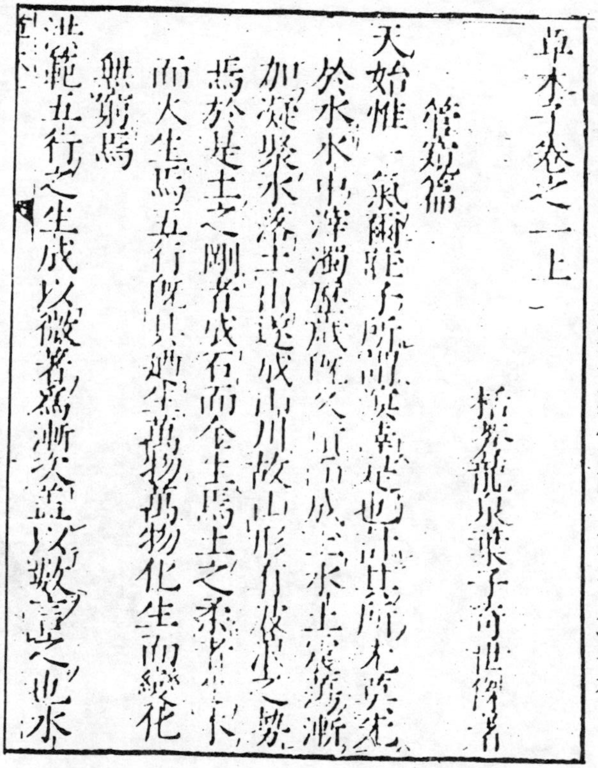
草木子卷之一上

栝蒼龍泉葉子奇世傑著

管窺篇

天始惟一氣爾莊子所謂溟涬是也計其所先莫先
於水水中滓濁歷歲既久積而成土水上凝滓漸
加凝聚水落土出遂成山川故山形有波浪之勢
焉於是土之剛者成石而金生焉土之柔者生木
而火生焉五行既具適生萬物萬物化生而變化
無窮焉
洪範五行之生成以微著為漸次蓋以數言之也水

三十二、草四子四卷　日本寬文九年（己酉、一六六九）刊本

第一章　緒論

壹、研究動機

郭氏「中國文學批評史」以爲南宋金元是批評家想建立其思想體系的時期，而明代則是批評理論各主一端推而至極的偏勝時期（註一）。明初緊啣元季，批評家已完成其思想體系，但尙未各主一端，黨同伐異，所以這一階段不僅總結前賢的批評業績，對後人而言，也具有開疆闢土，拓展領域的意義。

本書所謂「明初」係指明太祖和惠帝二朝而言，也就是從洪武元年到建文四年（西元一三六八——一四〇二），凡三十五載（註二）。

艾南英曾說：

國朝文章之盛，莫盛於太祖朝。劉文成、宋文憲、王忠文、陶姑孰輩，不獨帷幄議論，開聖子神孫億萬年無疆之曆，而文章一事，亦遂爲當代之冠。至於蘇平仲、高季廸、

解大紳、方希古，或專以詩文，或兼有節義。（天傭子集卷四、重刻羅文肅公集序）

沈德潛也說：

洪武之初，劉伯溫之高格，並以高啓廸、袁景文諸人，各逞才情，連鑣並軫，然猶存元紀之餘風，未極隆時之正軌。（明詩別裁序）

陳田也說：

凡論明詩者，莫不謂盛於弘、正，極於嘉、隆，衰於公安、竟陵，余謂莫盛明初，若犂眉、海叟、子高、翠屏、朝宗、一山、吳四傑、粵五子、閩十子、會稽二肅、崇安二藍，以及草閣、南村、子英、子宜、虛白、子憲之流，以視弘、正、嘉、隆時，孰多孰少也。（明詩紀事甲籤序略）

艾、沈、陳三氏一致認為明初文章最盛，而洪武一朝即有三十一年（西元一三六八——一三九八），人才輩出，彬彬蔚蔚，大備于時。

胡應麟曾說明初有吳、越、閩、嶺南、江右五詩派（註三），這五派都在東南，其中以越派聲最大，人數最多，胡氏詩藪云：

國初文人，率由越產，如宋景濂、王子充、劉伯溫、方希古、蘇平仲、張孟兼、唐處敬輩，諸方無抗衡者，……大概婺中諸君子沿襲勝國二三遺老後，故體裁純正，詞氣

充碩，與小家尖巧全別，惟其意不欲以詩自命，以故豐神意態，小減當行。（續編卷一）

越派文人在古文方面成就更大，可說是居於壓倒性的領導地位，而在文學批評方面的表現，他派也無法與之相提並論，例如嶺南詩派最重要的成員孫蕡、黃哲、王佐、李德、趙介諸人均無關於文學批評的文字（註四），吳、閩、江右三派長於詩而拙於文，文論遠不如詩說之富，因此要研究明初的文學批評，自當以越派爲首。

此外，本書以明初越派的文學批評爲研究範圍，還有幾項因素：

㈠治明代文學批評者，多著力於前後七子、唐宋派、公安派、竟陵派，於明初較少注意（註五），本書正所以補其不足。

㈡明初爲中華史上之一大變局，在文學批評史上也居於上承宋元，下啓臺閣體以至於清五百餘年的關鍵地位。

㈢明初是民國以前唯一建都南京，而北方無他都的時期，在文學批評史上，南方的重要性也遠勝於北方。

㈣浙江人才向稱鼎盛，至明初甲於全國，文人在創作和文學批評方面都居於領導的地位。

㈤有明一代的文學理論除公安、竟陵二派外，在明初越派的文學批評中已略具雛形。

居於上述理由，因此筆者在完成「明洪、建二朝文學理論研究」一書後，便決心以越派的文學批評爲研究對象。

貳、資料來源

研究明初越派文學理論主要的資料有左列數種：

㈠序跋、書信、論說、題記、碑、贊、傳、銘。

㈡詩話。

㈢論詩絕句。

㈣史傳。

㈤子書。

第一種資料最多，是本書研究的重心；第二種只有瞿佑的「歸田詩話」；第三種可以方孝孺的「談詩五首」爲代表；第四種譬如元史黃溍傳、明史文苑傳，不僅有一些批評家的生平略歷，且有少許的詩文理論；第五種像葉子奇的「草木子」有談藪四條。

其次較爲次要的資料，有經書中的毛詩、論語、孟子，史部中的元史、明實錄、明會要、列朝詩集小傳、廿二史劄記，集部總集類的明文海、明文在、明詩綜、明詩別裁、明代文學批評資料彙編，詩文評類的詩藪、明詩紀事等。

叁、本書結構

郭紹虞「中國文學批評史」下卷以批評家爲綱，而以當時的問題納入批評家的理論體系之中，因當時的批評家能自成一家之言（註六）。本書也以批評家爲綱，將越派十七家的文學理論分六章闡述，宋濂、蘇伯衡、方孝孺自足成家，劉基、貝瓊、朱右雖篇幅不多，但有很大的影響力，其他各家或有眞知灼見，或卓然不群，或可爲上述六家羽翼，皆不可棄。十七家中，靖難之後猶存者只有瞿佑和葉砥，二人都在洪武時出仕，到建文四年時各爲六十二、六十一歲，文學觀已趨成熟，所以在本書論述之列。

本書除附錄外，凡十章：

第一章、序論，首述研究動機，次敍資料來源，再言本書結構。

第二章、明初越派文學批評的形成，分南方地位日趨重要、越地的人文、金華學派的影響、明初的政治、元代明初的選舉制度、傳統文學實用論的演進六項探討。

第三章、宋濂的文學批評，首言其生平、師承與詩文風格，次述其文學批評，末敍其文學批評的淵源、影響和評價。

第四章、蘇伯衡的文學批評，除述蘇氏文學理論外，特別強調他對方孝孺的啓導。

第五章、方孝孺的文學批評，舉證說明方氏和宋濂、蘇伯衡的淵源，並探討其文學批評影響不大的原因。

第六章、劉基、朱右和謝肅的文學批評，敍三家的生平、詩文風格與文學理論，並述其影響。

第七章、貝瓊、胡翰和王褘的文學批評，貝氏尊經崇唐，胡氏以爲「詩之用猶史」，王氏謂「文章與時高下」，其文學理論同中有異。

第八章、錢宰諸人的文學批評，分二節，首節述錢宰、徐一夔、凌雲翰、葉子奇、葉砥五家，二節述張著、烏斯道、瞿佑三家。

以上三至八章述各家文學批評，除第三章宋濂部分篇幅較多外，各章盡量求其平均。

第九章、明初越派文學批評的影響和評價，凡四點：一、繼承前人文學理論二、批評作品、匡正文風三、啓導後代文學創作和理論四、越派文學批評的評價。

第十章、結論，明初越派的文學批評既能承先啓後，又能針砭當時文壇的弊病，以浙江一地的批評家幾乎主導了全國的文壇。

本書是筆者繼民國六十二年碩士論文「謝茂秦之生平及其文學觀」、六十八年博士論文「明七子派詩文及其論評之研究」、七十五年「明洪、建二朝文學理論研究」一書而全力鑽研撰寫的，唯因天分所限，學殖又淺，疏漏必多，懇請方家惠予指正，以匡不逮。

【附註】

註一　郭紹虞「中國文學批評史」卷下第一篇第一章，頁二，明倫出版社 六十年五月四版。

註二　「明初」一詞各家賦予之義蘊不同，或指洪武之初，或指洪武一朝，或指洪武元年至建文四年（李曰剛先生「初明六大詩派之流變」一文以洪武、建文二朝爲明初，見師大學報第十八期），或指洪武以迄永樂，或指洪武廿三年到成化十六年（加拿大學者白潤德〔Daniel Bryant〕即指此說，見於其Chinese Poetry and Poetics During the Low Ming〔1390-1480〕一文）。

註三　詩藪續編卷一。

註四　孫蕡有西菴集，黃哲有雪篷集，王佐有聽雨軒、瀛州二集，趙介有臨清集，又黃哲、王佐、趙介、李德合著有廣州四先生集，但各集都無關於文學理論的文字。

註五　朱東潤「中國文學批評史大綱」述明初文學批評僅高棅一家，方孝岳「中國文學批評」於高棅外，多出宋濂，郭紹虞「中國文學批評史」又加上劉基、高啓、方孝孺三家，張健先生「明清文學批評」有宋濂、方孝孺二家，邵紅先生「明代文學批評資料彙編緒論」有宋濂、劉基、高啓、王褘、貝瓊、方孝孺六家，各書去其重複，凡七家。

註　六　郭紹虞「中國文學批評史」卷下第一篇第一章，頁一，明倫出版社　六十年五月四版。

第二章　明初越派文學批評的形成

時運交移，質文代變；山林皐壤，有助文思。時代背景、地理環境、學術風氣、文學思潮對某一時代、某一地方的文學理論都產生了一定的影響力。本文擬以南方地位日趨重要。越地的人文，金華學派的影響、明初的政治、元代明初的選舉制度、傳統文學實用論的演進六項，去研探明初文學批評形成的原因。

壹、南方地位日趨重要

我國的政治重心向在北方，但到了西晉末年，五胡亂華，典午南遷，司馬氏建立了東晉政權，宋、齊、梁、陳四朝與中原分庭抗禮。趙宋定都汴梁，政治重心漸由北而南，靖康之變，氣節之士毀家相從，東南半壁遂成爲保衞中華文化的屏障。

梁啓超在「中國地理大勢論」一文中曾說：

北方宅都時代，而南方無他都者垂二千餘年；其南方宅都時代，而北方無他都者，惟明太祖、建文共三十五年。

太祖在位凡三十一年，惠帝登基四載，即遭燕王篡奪，這三十五年間（西元一三六八—一四〇二），南京成爲全國政治中心，其重要性遠高於北方。

風動於上者，必波震於下，王夫之「思問錄」就說：

洪、永以來，學術節義，事功文章，皆出荊、揚之產。

明初開國元勳多出於東南，尤以浙江爲甚，其中不乏鴻儒才士，傑出的文學家也以此地爲最盛。

其次由於地理、氣候和銳意經營，南方的戶口、物力在北宋以後也遠盛於北方。西漢人口與物產原多聚於黃河中下游，史記貨殖列傳說：

關中之地，于天下三分之一，而人衆不過什三，然量其富，什居其六（卷一百二十九）。

其時淮河以南地廣人稀，漢末政局紛擾，匈奴入侵，北人南移，南方交通便捷，水利發達，氣候亦佳，有助於經濟開發。三國鼎立，吳、蜀大力經營，開物成務。

晉惠帝即位的第二年，黃河流域連續七年水災旱疫，北人大量南遷。永嘉之亂，元帝踐祚江左，宋書列傳第十四說：

自晉氏遷流，迄於太元之世，百許年間，無風塵之警，……地廣野豐，民勤本業，一歲或稔，則數郡忘飢，……荊城跨南楚之富，揚部有全吳之沃，魚塩杞梓之利，充仞八方，絲綿布帛之饒，覆衣天下。（卷五十四）

偏安百歲，物產豐饒，所以家給人足，百姓樂業。

隋朝文、煬二帝開鑿運河，淮南得以發展，揚州、楚州等大城愈爲繁榮，人口大增。唐初北方糧食不足自給，有賴東南之粟（註一），安史亂後，以迄五代，南方較爲安寧，故愈益繁盛。

南北戶口消長，以宋代之轉變爲一大關鍵。據明章潢統計，東南戶數在西漢時僅佔全國十分之一，至北宋元豐八年已佔一半，若加上四川，則達三分之二（註二）；南渡以後，江南更比江北稠密。北方經女眞、蒙古二族蹂躪，人口越少，元初江南人口超出北方四倍有餘（一千九百七十二萬餘口比四百七十五萬餘口）。

龍文彬「明會要」謂洪武二十六年，天下戶一千零六十五萬二千八百七十，口六千零五十四萬五千八百一十二，其中南方各省戶口如左：

浙江省

戶二百一十三萬八千二百二十五

口一千四百八十八萬七千五百六十七

江西省

戶一百五十五萬三千九百二十三

口八百九十八萬二千四百八十一

湖廣省

戶七十七萬五千八百五十一

口四百七十萬二千六百六十

福建省

戶八十一萬五千五百二十七

口三百九十一萬六千八百零六

廣東省

戶六十七萬五千五百九十九

口三百萬七千九百三十二

廣西省

戶二十一萬一千二百六十三

口一百四十八萬二千六百七十一

雲南省

戶五萬九千五百七十六

口二十五萬九千二百七十

四川省

戶二十一萬五千七百一十九

口一百四十六萬六千七百七十八

南方包括浙江、江西、湖廣、福建、廣東、廣西、雲南、四川八省，計戶六百四十四萬五千六百八十三，口三千四百三十萬六千一百六十五；若加上十四府四州之一百九十一萬零九百一十四戶，一千零七十三萬五千九百三十八口（註三），則幾佔全國人口數四分之三。

以下談南方的物力。

我國向以農業爲本，天寶之前，北盛於南；安史亂後，南方兵革不擾，人口增加，生產力提高；五代錢氏建吳越國，置都水營田使，以主水事（註四）；宋代水利之興建更是發達，灌溉既便，穫物自多；元朝也重視水利，至張士誠開白茆塘，明太祖整理疏濬閘壩陂堰（註五），田地大量開發利用，加以氣候雨量適度，故農業愈盛，歲有餘糧。洪武元年十月，置京畿漕運司，命浙江、江西及蘇州等九府運糧三百石於汴梁（註六）。

江淮有魚塩之利，樂史「太平寰宇記」引「南袞州記」云：「（塩城縣）有塩亭一百二十三所，縣人以魚塩爲業，略不耕種，擅利巨海，用致饒沃。」（卷一百二十四）可見南朝以後，製塩業已非常發達，到陳文帝天嘉中且徵收海塩稅。

江南既是魚米之鄉，財賦之地，故宋朝軍國之費多出於此，到明太祖洪武二十六年，僅蘇州一府，其稅糧即佔全國百分之九·五四，蘇、松二府含佔全國百分之十三·六八（註七），天下大計實仰給於東南。

就工業而言，造船、造紙、印刷、鑛治、鑄錢、製茶等產業，南方素優於北（註八），至於織染、陶瓷、漆器、竹器、雕刻、藤具、筆、墨、硯臺等，到宋代南方也凌駕北方之上（註九）。

就商業而言，唐對阿拉伯貿易，以廣州爲樞紐；安史亂後，北方交通受阻，廣州更是重要，設市舶使，招徠海外蕃舶。東南人口日多，產物日盛，長江流域荊、鄂、潭、洪、饒、蘇諸城隨之而興。五代十國除北漢外，其餘九國均在南方，極力發展對外貿易，沿海的泉州、福州因而日漸繁榮。南宋尤留意開闢財源，市舶歲入二百萬貫，通商國家五十有餘（註一〇），明州、青龍鎭、上海鎭等商埠逐漸興隆。元代商稅額數最高者爲浙江行省，其次爲河南，再次爲湖廣，第四爲江西（註一一），除河南外，都在南方。明代統一，迅速走上了安定繁榮的途徑，大城市多在東南，如南京、杭州、揚州、蘇州、武昌、泉州、廣州、上海等，僅南京一地人口就有一百多萬。

明初減輕賦稅，實行軍屯，移民墾荒，因此社會繁榮，人口劇增，尤以南方爲甚，而其學術文章也冠於全國，所以騷人雅士與文學理論家幾皆出於東南。

再次談南方的文化。

三國時代孫吳人才輩出，山越之地漸經開發，及於交、廣；魏、晉以後，南方學術日昌；東晉播遷，南北文化交流，北方文物多遭破壞，南方卻突飛猛晉，漸有凌駕北方之勢。隋統一時，文化重心已由北而南，加以運河的開鑿，淮南的經營，經濟的發展，城市的繁榮，農村的富庶，吸引北方不少人才，江南文化蔚然稱盛；中唐以後，人才薈萃（註一二），五代中原兵戈擾攘，文化愈不如南方；南宋以降，更是瞠乎其後了。

丁文江曾從二十四列傳中選出籍貫可考者凡五千七百八十三人，依代按省，分配發表，得到的結論是：我國人才在前漢首推山東，後漢河南，唐代陝西，北宋又是河南，南宋、明代都是浙江。可知南宋以前，人才集中於黃河流域；南宋以後，漸趨於長江流域（註一三）；此與南方文化愈加發達有關，也使得南方文運日盛於北。元初文人雖北多於南，其後則南多於北。

明代科舉分南北榜，固然是淵源於北宋傳統和元朝以蒙古人、色目人與漢人、南人分榜的考試政策，也由於漢唐以來南北社會經濟發展不平衡所致，兩者且影響到南北的學風、科第與仕進。大概來說，江北之人文詞質直，江南之人文詞豐贍，因此試官取南人較多，北人較少。據明史宰輔年表，有明宰輔凡一百八十九人，南方佔三分之二強，人才之盛，由此可見。

明太祖所引用者多爲南士，因東南是富庶之區，又承南宋學者餘緒，俊彥之士多出其間。建文一朝，大臣勢力仍在南方，會試也多錄取南人。

明初文士既多出於東南，難怪當時的文學批評家也以此地爲最盛了。

貳、越地的人文

越地就是現在的浙江。

浙江位於錢塘江兩岸，東濱東海，南接福建，西鄰安徽、江西，北連江蘇。氣候溫和，雨量豐沛。

兩浙既有湖山江海之奇，故多俊秀磊砢之士。

夏禹治水，東至會稽，當時是吳越之國，在今日則是浙江。

越國祖先，相傳是夏少康庶子無余，封於會稽，披草萊而治。春秋時代，勾踐滅吳，勢愈強大。加以經濟富庶，教育發達，人才蔚起，後來雖被楚國所滅，但文教遺澤，流風未已。漢初人文彌盛，趙曄作吳越春秋，袁康撰越絕書，足以證明越地已有很高的文化水平。

三國時代，在孫權大力經營之下，浙江學士文人日多，闞澤、虞翻尤爲傑出。東晉藉吳、越、荊、揚以立國，王、謝望族，多居於浙東。王羲之書法冠絕古今，謝靈運山水詩也開創六朝文學。南朝文采風流，沈約、丘遲、江淹、吳均、謝惠連都是浙產。

隋祚不長，唐代的虞世南、駱賓王、賀知章、孟郊、陸贄，爲兩浙人文增色不少。唐末天下大亂，浙江得天獨厚，雞犬不驚。錢鏐據浙，吏民安樂。宋代以降，浙地人才輩出，金華的呂祖謙、王柏、何基，永嘉的葉適，吳興的張先、周密，紹興的陸游，鄞縣的吳文英，錢塘的周邦彥，慶元的毛應麟，臨安的張炎，都是傑出之士。元代則有金履祥、張可久、趙孟頫、楊載、楊維楨、黃溍等人。

明代開國勳臣謀士多是浙人，文學家更冠於全國，不論從數量或重要性、影響力來講，都是首屈一指的。

以下就經濟、學術、書業、詩社、人才各方面，論述明初浙江人文之盛。

就經濟而言，浙江水利發達，土壤肥沃，五穀豐登，饒魚塩之利，工商發達，加以明初經濟結構配合得當，戶口之多，甲於全國（註一四）。

就學術而言，浙江的經學、史學、子學、文學，無一不盛，在明初可說是全國的重鎭。經學以永嘉、金華、寧海、東陽、平陽、鄞六縣爲最盛，也就是以浙東爲主。史學與經學地區同；子學也是浙東盛於浙西。文學亦浙東較盛，義烏、金華、天臺文士最多，浙西則以錢塘爲中心。

就書業而言，可分刻書和藏書兩部份。明初刻書，還承接元代風氣，刻印甚佳。官刻以外，地方刊刻以蘇、浙、皖、閩爲中心，吳精而閩夥，越則次之。至於藏書方面，太祖即位，詔求天下遺書，設秘書監丞，不久改由翰林典籍主掌。當時藏書家以蘇、浙、閩、越最多，宋濂藏書數萬卷，臨海人陳瑛甚至築萬卷樓以貯書。

就詩社而言，南宋盛於江浙，元朝社事也多集中於東南，元末明初僅浙江一省，即有濮市濮仲溫的聚桂文會、繆思恭的南湖詩會、餘姚劉仁本的續蘭亭會、海昌周勳茂的詩文社會、甬上蔣遠靜的詩社，杭州、海寧更是騷人墨客流連之處，詩酒唱酬，極一時之盛（註一五）。詩社旣立，同社者往往意見相似，在創作方面易於形成相同或近似的風格，於是詩派遂立，越派即因此而形成。

就人才而言，明初立德、立功、立言之士確多出於東南，其中又以浙江一省佔了最大的比例。立言者本書即有十七位文學批評家，立德者如范祖幹、葉儀，立功者如方國珍，不是望重士林，德化四方，就是有建國之勳。浙江人長於品藻，又工於爲文，在明初文壇上便居於執牛耳的地位了。

叁、金華學派的影響

錢塘江中分浙省，浙西有杭、嘉、湖三府，浙東有寧、紹、溫、臺、金、衢、嚴處八府。金華府轄有金華、蘭谿、東陽、義烏、永康、武義、浦江、湯溪八縣，境內山嶺稠疊，河川交錯，林壑深邃，古洞仙巖，勝蹟很多，可說是地靈人傑。

金華文化發皇甚早，沈約是齊梁文宗，唐代有駱賓王、皇甫湜，宋代有毛滂、宗澤，康王南渡，兩河的文儒士族多僑居於此，極一時之盛。

呂祖謙寄寓金華，淵源濂、洛，首開講學之風；陳亮生長永康，鑽研王霸之學，遂成事功一派。宋末何基、何柏師事黃榦，以理學眞統自命，其門下金履祥不仕於元，傳於許謙，又旁衍當黃溍、吳萊、柳貫，再傳於宋濂、王禕，都是金華人，其他如胡翰、蘇伯衡也籍隸此區，金華學派確對明初的文學理論產生了重大的影響。

金華學派始於呂祖謙。祖謙是希哲之後，希哲少從孫復、石介、胡瑗學，又從張載、二程遊；希哲孫本中，問學游酢、楊時、尹焞之門，博通周知當代文獻，又著有紫薇詩話、江西宗派圖，可說是文章學道學並重，而祖謙即是本中之姪。

祖謙家學淵源，有中原文獻之傳，以關、洛爲宗，深於毛詩，著有呂氏家塾詩說，編「皇（宋）朝文鑑」，因主張用世，故又致力於史學。

大致而言，祖謙學說主敬，言良知、理氣、正己，又喜論治道以致用，是道學、文學、史學兼備的人物。

呂氏以外，當推陳亮。

陳亮號龍川先生，其學從孟子以後，則推王通，喜談兵，著有「酌古論」，考古人用兵成敗之迹。又上中興五論，留意事功經濟之學。影響所及，其友永嘉人陳傅良、薛季宣和稍晚的葉適，也都究心經制，創立永嘉學派。

金華自呂祖謙講學，文風蔚起，人才輩出，遂有「小鄒魯」之稱。

降及元代，金華之學以金履祥爲開山。金氏好談尚書、春秋的微言大義，以治史考論經制。傳至許謙，義理之外，也不廢詞章。柳貫則將義理注入文章，從經學而考述禮樂制度。到宋濂、王禕，兼取龍川經濟事功之學，佐明太祖平定天下。

總而言之，金華學者在性理以外，旣詳習詩書六藝之文，又要經世致用，高倡民族大義，因此不若一般道學家之純重躬行，鄙薄文藝。

以上這些特點，對宋濂、王褘、蘇伯衡、胡翰的文學理論有著重大的影響。

肆、明初的政治

元末政治腐敗，群雄並起，各據一方，兵連禍結，人命朝不保夕。明太祖一統天下後，大殺功臣名將，胡惟庸案坐誅者三萬多人，藍玉案坐黨者戮一萬五千人，郭植案、空印案也誅戮不少。

明初用刑嚴峻，對勳貴官吏尤苛，「大誥三編」指定條目，處以極刑，其目有十，第十目竟規定「寰中士夫不為君用，罪至抄箚」，三誥所列而凌遲梟示者不下於千百，棄市者以萬數。

刑制中有所謂廷杖，太祖常於朝堂中杖打公侯大臣，甚至有打死的，對朝臣羞辱已極。又設錦衣衞，任意捕人，羅織罪名，甚且族誅。

此外又對文人監視，濫興文字獄，例如高啓腰斬，蘇伯衡坐表箋誤死，張孟兼、郭奎、傅恕坐事死，孫蕡、王蒙坐黨死，張羽畏罪投江死，徐賁下獄死，徐一夔作賀表遭斬，甚至方外緇流也不能倖免（註一六）；免於一死的，則有烏斯道謫役定遠，宋濂坐長孫愼罪，安置茂州，張宣謫驛丞，楊基謫輸作，劉基也遭猜忌。

如上所述，文人在死亡和高壓的威脅下，或絕意仕途，或仕宦而緘默尸位，於是慢慢形成了尊古學古的文學理論。

其次明初帝王重儒好文，敦尚儉樸，也對實用的文學論有若干的影響。

太祖雖起布衣，但頗好學，所至之處，輒徵召耆儒，講論道德，修明政治，興起教化，「大臣以文學登用者，林立朝右。」（註一七）置江南行書省時，省中有李善長、陶安、安思顏等人，聘劉基、宋濂、章溢、葉琛，說：「我爲天下屈四先生。」又召吳沈、胡翰、戴良等進講經史。統一之後，定國家禮制，多用儒士，復設四輔官，以王本、杜佑、龔斆、杜斆、趙民望、吳源擔任。太祖以爲聽儒士議論，可開發神智（註一八）。

又太祖本身也勤學好文，宋濂曾說：「帝爲文或不喜書，詔臣濂坐榻下，操觚受辭，終日之間，入經出史，袞袞千餘言。」（註一九）可見太祖能文。解縉也說：「聖情尤喜爲詩歌，睿思英發，雷轟電觸，玉音沛然，數十百言，一息無滯。」（註二〇）可見太祖能詩。鄱陽戰勝，與夏煜等草檄賦詩；以良馬賜宋濂，親製白馬歌；毛騏、安然、陶安卒，親撰祭文；桂彥良遷晉王傅，自爲文賜之。詩文以外，兼習駢體，據明史藝文志著錄，有文集五十卷，詩集五卷。又熟於史事，留意經學（註二一）。

太祖論詩，則謂：「喜誦古人鏗鏘炳朗之作，尤惡寒酸伊嚶齷齪鄙陋，以爲衰世之爲，不足觀。」（註二二）又與詹同論文云：「古人爲文章，以明道德，通世務，典謨之言皆明白易知，至如諸葛孔明出師表，亦何嘗雕刻爲文，而誠意溢出，至今誦之，使人忠義感激。近世文士立辭雖艱深，而意實淺近，即使相如、揚雄，何裨實用？自今翰林爲文，但取通道理，明世務者，無事浮藻。」（註二三）洪武二十六年冬十一月，天下學官入覲，上詢以民間政事得失，泰州訓導門克新敷對亮直，紹興府教授王俊華文辭工贍，擢克新爲左贊善，俊華爲右贊善，因太祖重質直之言。

太祖之外，惠帝、蜀獻王椿、寧獻王權也好學愛士（註二四），對當時文學皆加以獎勵提倡。

又太祖統一天下後，減輕賦稅徭役，與民休息，自奉甚儉，洪武六年十一月，潞州貢人參，上曰：「人參得之甚艱，毋重勞民，往者金華進香米，太原進葡萄酒，朕俱止之。國家以養民爲務，奈何以口腹累人？」（註二五）率先躬儉，立法以整齊一國，因此百姓能以樸爲榮，以華爲辱。

洪武寶訓說：「朕思足食在于禁末作，足衣在于禁華靡。宜令天下四民各守其業，不許游食，庶民之家不許衣錦繡。」重本賤末，惡華尙樸。

典營繕者會進宮室圖，上見雕琢奇麗者，命去之，謂中書省臣曰：「千古之上，茅茨而聖，雕峻而亡，吾師儉是寶，民力其毋殫乎？」（註二六）一切措施都以愛民養民爲主。

惠帝遵祖訓，勤儉治國，方即位，賜天下明年田租之半，又蠲除逋賦（註二七）。

觀上所述，可知明初的文學批評家多持「道本文末」、「重實用」、「尙自然」的文學觀，乃受到當時政治措施的影響。

伍、元代明初的選舉制度

明初的文學批評家都由元入明，在元代固受到選舉制度的影響，入元之後，如宋濂、王褘、劉基、方孝孺位居要津，參贊機務，規畫制度，所以本節述選舉不能不從元代談起。

選舉之法大概有四，一爲學校，二爲科目，三爲薦舉，四爲銓選，元代明初的選舉制度除銓選外，與當時的文學理論有密切的關係，本文僅述其對明初文學批評的影響。

就學校而言，據元史選舉志和新元史學校志所記，世祖至元二十四年成立國子學，選蒙古漢人百官宿衞大臣子孫及衞士世家子弟之俊秀者入學，先授孝經、小學、論語、孟子、大學、中庸，次及詩、書、禮、易、春秋。漢人私試，孟月試經疑一道，仲月試經義一道，季月試策問表章詔誥內科一道，凡詞理俱優者列上等準一分，理優詞平者列中等準半分。

至於明初學校有二，一曰國學，二曰府州縣學。

國子學所習自四子本經外，兼及劉向說苑及律令書數御製大誥，每月試經書義各一道，詔誥表策論判內科二道。翰林考試則經義各一道，判語一條。

太祖旣建國學，諭中書省臣曰：「學校之教，至元其弊極矣！上下之間，波頹風靡，學校雖設，名存實亡；兵變以來，人習戰爭，惟知干戈，莫識俎豆。朕惟治國以教化爲先，教化以學校爲本，京師雖有太學，而天下學校未興，宜令郡縣皆立學校，延師儒授生徒講論聖道，使人日漸月化，以復先王之舊。」（明史卷六十九，選舉志一）於是大建學校，生員專治一經，以禮樂射御書數設科分教，務求實才。

諸生應試之文，通謂之舉業，四書義一道，二百字以上；經義一道，三百字以上，取書旨明晳，不尙華采。（註二八）

就科目而言，元太宗初定中原時，曾開科舉以選儒士，但旋以不便爲由而中止，至仁宗皇慶二年規定條格，詔行科學，先由本貫官司就諸色戶內推舉年在二十五歲以上，鄉黨中認爲孝悌忠信，經明行修者，禮送於路府。考試程式則是：蒙古、色目人第一場經問五條，論語、孟子、大學、中庸內設問，用朱氏章句集註，以義理精明，文詞典雅者中選；第二場試策一道，以時務出題，須寫五百字以上。漢人、南人第一場明經、經疑二問，由大學、論語、孟子、中庸內出題，也用朱氏章句集註，須寫三百字以上，經義一道，各治一經，詩以朱氏爲主，尚書以蔡氏爲主，周易以程氏朱氏爲主；春秋用三傳及胡氏傳，禮記用古註疏，須寫五百字以上。第二場試古賦詔誥表章內科一道，古賦詔誥用古體，章表四六，參用古體，第三場策一道，經史時務內出題，不矜浮華，惟務直述，須寫一千字以上。（註二九）

明代科目則沿唐宋之舊，而稍變其試士之法，專取四子書及易、書、詩、春秋、禮記五經，命題試士乃太祖和劉基所定，其文略仿宋經義，代古人語氣爲之，體用排偶，謂之八股，通謂之制義。初場試四書義三道，經義四道；四書主朱子集註，易主程傳、朱子本義，書主蔡氏傳及古註疏，詩主朱子集傳，春秋主左氏、公羊、穀梁三傳及胡安國張洽傳，禮記主古註疏。二場試論一道，判五道，詔誥表內科一道。三場試經史時務策五道。（註三〇）

就薦舉而言，元史選舉志與續通考選舉考謂世祖中統間，徵許衡授懷孟教官，徵劉因爲集賢學士，至元十三年，詔求隱逸名士；成宗大德九年，詔求山林有德行文學、識治道者；仁宗延祐七年，詔舉才德高邁，深明治道，不求聞達之士；英宗至治三年，命搜訪山林隱逸而有德學者。又臣僚於其所屬或所知之人，其才德足以任事者，也可薦之於天子。（註三一）

明太祖未登基前已屢次徵辟英俊儒士，洪武元年，徵天才賢至京，授以守令；六年，且罷科舉，令有司察舉賢才，以德行爲本，文藝次之，其目曰聰明正直、曰賢方正、曰孝悌力田、曰儒士、曰孝廉、曰秀才、曰人才、曰耆民，皆禮送京師，不次擢用。又曾諭禮部，經明行修練達時務之士，徵至京師，年六十以上七十以下者，置翰林以備顧問，四十以上六十以下者，於六部及布按兩司用之。（註三二）

明祖選才，較重實用，文辭視爲其次，洪武三年下詔開科取士，不以詩文爲試士主要標準，其「制義」專取四書五經命題，體用排偶，係鑒於「漢唐及宋科舉取士各有定制，然但貴詞章之學而未求六藝之全」的流弊（註三三）目的在仿宋經義，使不致流於詩賦文辭之競勝，但首次科舉所得人才並不理想，故六年三月，詔罷科舉曰：「朕設科舉以求天下賢才，務得經明行修文質相稱之士，以資任用，今有司所取多後生少年，觀其文辭若可與爲，及試用之，能以所學措諸行事者寡，朕以實心求賢，而天下以虛文應朕，非朕責實求賢之意也。」一再言「詞章」、「文藝」不足取，強調德行、務本之重要，才幹、德行爲其取士之二大標準，亦即尙用與尊賢。

明初文士如宋濂、劉基、王褘等，都是從龍之臣，於太祖言論旨意都耳熟能詳，上行下效，故持論多主德行、教化淑世的實用論，又其時批評家跨越元明二朝，所以也有元人理重於詞，經明行修的看法。

陸、傳統文學實用論的演進

明初的文學理論多偏於儒家載道尚用的廣義文學觀，重點在道、教、政、法（宗經、師古）、理、氣等，這種廣義的文學觀確曾受到前人的影響。

文學的含義，從孔子以降，儒家皆持廣義的看法（註三四），由這種看法衍生出重內涵輕形式的論點，孔子曾說：「有德者必有言，有言者不必有德。」（論語憲問篇）又說：「辭達而已矣。」（論語衞靈公篇）正是道本文末的實用觀。

道本文末的實用觀也就是倫理、政治的實用觀，孔子說：「詩三百篇，一言以蔽之，曰思無邪。」（論語爲政篇）又說：「誦詩三百，授之以政，不達，使於四方，不能專對，雖多亦奚以爲？」（論語子路篇）後世理學家和政治家的文學觀皆有取於此。

孟子的「知言」、「養氣」、「知人論世」之說（註三五）對後代的「文如其人」、「文氣說」和時序的觀點也有所啓迪。

荀子主張宗經，他說：「故書者，政事之紀也；詩者，中聲之所止也；禮者，法之大分，類之綱紀也；故學至乎禮而止矣。夫是之謂道德之極。禮之敬文也，詩書之博也，春秋之微也，在天地之間者畢矣。」（勸學篇）又主張辨道，他說：「辨說也者，不異實名以喩動靜之道也。期命也者，辨說之用也。辨說之者，以之象道也。心也者，道之工宰也。治之經理也。」（正名篇）是漢朝文學理論的先導。

漢朝揚雄有原道、徵聖、宗經、諷諫、仿古等看法（註三六），王充也視文章為教化之具（註三七），班固謂詩賦功用在於諷諭，由詩可覘風俗厚薄（註三八）；鄭玄主美刺之說，且重視詩與政教的關係（註三九）。

齊、梁時代的劉勰，著文心雕龍，有原道、徵聖、宗經的說法，對明初越派的文學理論產生了很大的影響。

唐代白居易謂詩以「補察時政，洩導人情」（註四〇），李諤、王通抨擊淫麗的六朝文（註四一），陳子昂、盧藏用主載道說（註四二），蕭穎士、李華宗經載道（註四三），柳冕文教合一（註四四），權德輿重氣尚理（註四五），韓愈師古聖賢之意而不師其辭，又要因文以見道（註四六），柳宗元於經傳之外，兼取子史（註四七）。

到了趙宋，石介、柳開分文為天文與聖人之文（註四八），王禹稱則於天文之外，提出地文與人文（註四九），孫復以為文生於道（註五〇），蘇舜欽、梅堯臣提倡詩教（註五一）。

柳開謂韓、柳文近而道不同，宗元多釋氏，所以不逮昌黎（註五二）、石介尊韓為「賢人之至」（註五三），宋祁推重韓文（註五四），歐陽修崇韓抑柳，師經重道（註五五）。

二程評韓愈先文後道，謂當先道後文（註五六），王安石則主治教政令（註五七），邵雍論詩，取聖人垂訓之說（註五八），周敦頤「文以載道」（註五九）曾鞏兼重道、法、事、理（註六〇），蘇洵謂文有四用：事、詞、道、法（註六一），蘇軾主「文理自然」（註六二），蘇轍養氣（註六三），黃庭堅重法，呂本中主悟入（註六四），王十朋尊韓、柳、歐、蘇（註六五），吳子良謂文有理、氣、法三要（註六六），朱熹重道輕文，又有「文與世移」的看法（註六七），眞德秀謂文章宜「明理義切事用」、「其體本乎古」、「其指近乎經」（註六八），吳泳以理爲主，以體爲次（註六九），包恢倡造化自然之聲。（註七〇）

元人文論多受宋代理學家的影響，大都有「原道宗經，以理爲本，以辭爲末，重氣尚志」的看法，例如許衡主張文以載道，反對浮言華詞（註七一），郝經謂道本辭末，文有大法，無定法（註七二），胡祇遹以性理爲本（註七三），劉壎主張「學以明理，文以載道，其妙在乎自得」，六經之外，兼取左、莊、史、漢、歐、三蘇、王、曾（註七四），王惲去陳言，自得有用（註七五），吳澄分文爲文人之文和儒者之文，謂文章與世運相關，西漢以降，則尊唐宋七子（註七六），劉將深欲融合文道（註七七），劉詵謂文章期於古而不期於襲（註七八），吳萊注意音法、韻法、辭法、章法，又主奇正相兼（註七九），鄭玉謂「道外無文」、「文外無道」（註八〇）。

元人論詩多主「發乎情，止乎禮義，去雕飾，推崇三百篇」，例如吳澄謂詩當有用，道性情，反模擬（註八一），楊維楨也以情性爲主，兼及格調（註八三）。總而言之，三人欲矯宋末格卑氣弱之病，故以追求盛唐風雅爲目標，又多講究詩格、詩法。

由上所述，可知明初的文學理論確有取於前人的詩說與文論。

柒、小結

明初浙江由於政治、經濟、學術的原因，人才之多，在全國首屈一指，宋濂、王禕、劉基、方孝孺諸人在政壇、文壇、學術界各方面都有重大的貢獻和影響力，發而爲言，他們的文學理論便成爲明初文學批評史上最重要的一派。

【附註】

註一　唐初黃河以北雖稱富饒，但糧食須賴南方供應，誠如新唐書食貨志三所說：「然其土地狹，所出不足以給京師，備水旱，故常轉漕東南之粟。」

註二　宋神宗元豐八年（西元一〇八五年）全國有一千四百八十五萬二千六百八十四戶，江南包括四川合計爲九百八十五萬二千零一十六戶；見章潢圖書編卷三十四。

註三　明初行政區域除十三省外，尚有應天、蘇州、松江、常州、鎮江、廬州、鳳陽、淮安、揚州、徽州、寧國、池州、太平、安慶十四府與廣德州、徐州、滁州、和州四州；見「明會要」卷五十、民政一。

註四　見十國春秋、吳越二。

註五　「明政統宗」說：「（洪武）二十七年，諭工部：陂塘湖堰可蓄洩以備旱潦者，皆因地勢脩治之。乃分遣國子生及人才遍詣天下，皆脩水利，凡開塘堰四萬九百八十七處。」

註六　明史卷七十九、食貨志三。

註七　據明會典所載，洪武二十六年，全國稅糧總數凡二千九百四十四萬二千三百五十石，蘇州稅糧二百八十一萬四百九十石，占全國百分之九點五四，蘇、松二府稅糧四百三萬零三百八十六石，佔全國百分之十三點六八。

註八　江南素有水鄉澤國之稱，劉宋時曾造戰艦千艘。造紙中心多在南方，皖南浙江更盛產好紙，東晉時已可製藤紙、布紙，南朝更發明防蛀之法。南方礦產開發遠盛於北方，尤以銅礦爲最，鑄錢業規模非常宏大。茶業也盛產於南方，唐德宗時開始徵茶稅，南宋大量外銷。皆見陳正祥「中國文化地理」，頁八—九，十四—十五，木鐸出版社出版。

註九　北方絲織業原盛於南方，唐代主要絲織中心如定州、亳州、宋州、滑州都在北方，但到南宋江南轉盛。北宋以前，陶瓷器產區多在北方，宋室南渡，陶瓷業生產中心隨之南移。北宋溫州漆器號稱全國第一，宣州毫筆也遠勝於汴京所產，其他如雕刻硯臺等，都南優於北，皆見陳正祥「中國文化地理」，頁六一七，十五—十六。

註一〇　「諸蕃志」且謂中國商人泛海前往貿易者有二十幾個國家。

註一一　元史食貨志商稅修於各行省商稅額數都有紀錄，浙江二十六萬九千二十七錠餘，河南一十四萬七千四百二十八錠餘，湖廣六萬八千八百四十四錠餘，江西六萬二千五百一十二錠餘。

註一二　「上有天堂，下有蘇、杭」，蘇州在中唐以後，經濟繁榮，詩人名相甚多；揚州更是富庶，所謂「揚一益二」，並非誇張之詞，徐凝詩云：「天下三分明月夜，二分無賴是揚州。」張祐（新唐書、全唐詩皆作張祜）詩也說：「十里長街市井連，月明橋上看神仙：人生只合揚州死，禪智山光好墓田。」荊揚之區在當時人才輩出。

註一三　見丁氏「漢唐宋明各代人物之地理的分佈」一文。

註一四　洪武二十六年，天下戶一千多萬，口六千餘萬，而浙江一省有戶二百一十三萬，口一千零四十八萬，佔全國六分之一强，爲全國之冠，參閱上節「南方地位日趨重要」。

註一五　明史卷二百八十五、文苑一、張簡列傳說：「當元季，浙東西士大夫以文墨相尙，每歲必聯詩社，聘一二文章鉅公主之，四方名士畢至，讌賞窮日夜，詩盛者輒有厚贈。臨川饒介爲元淮南行省參政，豪於詩，自號醉樵，嘗大集諸名士賦醉樵歌；簡詩第一，贈黃金一餅，高啓次之，得白金三斤；楊基又次之，猶贈一鎰。」獎賞豐厚，對騷人墨客具有鼓舞力量。

錢謙益列朝詩集小傳也說：「方氏（國珍）盛時，招延士大夫，折節好文，與中吳爭勝。文人遺老如林彬、薩都剌輩，咸往依焉。至正庚子，仁本治師會稽之餘姚州，作雩詠亭于龍泉左麓，彷彿蘭亭景物，集名士趙俶、謝理、朱右、天臺僧白雲以下四十二人，修禊賦詩，仁本自爲之敍。」（甲前集）上位者提倡延請，也是詩社盛行的原因。

註一六　趙翼「廿二史劄記」卷卅二說：「僧來復謝恩詩有『殊域及自慚，無德頌陶唐』之句，帝曰：『汝用殊字，是謂我歹朱也，又言無德頌陶唐，是謂我無德，雖欲以陶唐頌我而不能也。』遂斬之。」文字獄竟及於方外之士。

註一七　明史卷二百八十二、儒林一。

註一八　輔翼廿二史劄記卷三十六。

註一九　列朝詩集小傳乾集上。

註二〇　同右。

註二一　廿二史劄記卷三十二。

註二二　列朝詩集小傳乾集上。

註二三　谷應泰明史紀事本末卷十四。

註二四　列朝詩集小傳乾集上、下。
註二五　明史食貨志。
註二六　明史紀事本末卷十四。
註二七　明會要卷五十五、食貨二。
註二八　明史卷七十、選舉志二。
註二九　元史卷八十一、選舉志一。
註三〇　明史卷七十、選舉志二。
註三一　元史卷八十一、選舉志一。
註三二　明史卷七十一、選舉志三。
註三三　俞憲「皇明進士登科考」卷一、令典。
註三四　論語先進篇謂孔門有四科，其中文學一科最傑出者推子游、子夏，可見孔門所說的「文學」含義很廣，指一切典籍研究而言，邢昺解釋爲「文章博學」。荀子王制篇說：「雖庶人之子孫也，積文學，正身行，能屬於禮義，則歸之卿相士大夫。」性惡篇說：「今之人化師法，積文學，道理義者爲君子。」大略篇說：「人之於文學也，猶玉之於琢磨也，詩曰：『如切如磋，如琢如磨』，謂學問也。」以一切學問解釋文學。

漢書張湯傳說：「湯以武帝鄉文學，欲附事決議，請以博士弟子治尚書、春秋，補廷尉史。」（卷五十九）班固所說的文學與儒學同義。

註三五　孟子公孫丑上說：「我知言，我善養吾浩然之氣。」何謂知言？公孫丑上又說：「詖辭知其所蔽，淫辭知其所陷，邪辭知其所離，遁辭知其所窮。」都是由一個人的言語去探知他的心理狀態。至於養氣之道，公孫丑上說：「其爲氣也，至大至剛，以直養而無害，則塞於天地之間。其爲氣也，配義與道，無是餒矣。」以義和道直養，自可充塞於天地之間。至於知人論世，萬章篇說：「頌其詩，讀其書，不知其人可乎？是以論其世也。」讀書須了解作者及其時代背景。

註三六　揚雄法言問道篇說：「或問道，曰：『道也者，通也，無不通也。』或曰：『可以適它與？』曰：『適堯、舜、文王者爲正道，非堯、舜、文王者爲它道，君子正而不它。』」堯、舜、文王爲正道，不可不由。問神篇說：「惟聖人得言之解，得書之體。」吾子篇說：「衆言淆亂，則折諸聖。」欲立言，須以聖人爲準。

問神篇說：「大哉天地之爲萬物郭，五經之爲衆說郛。」又說：「書不經，非書也；言不經，非言也；言書不經，多多贅矣。」都是以五經爲模範的意思。吾子篇說：「或曰：『賦可以諷乎？』曰：『諷乎。諷則已，不已，吾恐不免於勸也。』」揚氏主張賦有諷諫的功能。

學行篇說：「務學不如務求師。師者，人之模範也，模不模，範不範，爲不少矣。」主張師古模擬。

註三七　王氏論衡佚文篇說：「然則文人之筆，勸善懲惡也。」

註三八　漢書藝文志詩賦序。

註三九　見詩譜序。

註四〇　白氏長慶集卷四十五、與元九書。

註四一　見李氏「上文帝論文體輕薄書」（隋書卷六十六、李諤傳）和王氏文中子事君篇。

註四二　見陳氏「與東方左虬修竹篇序」和盧氏「答毛傑書」。

註四三　見蕭穎士「贈韋司業書」與李華「贈禮部尚書清河孝公沔集序」。

註四四　見「答荊南裴尚書論文書」。

註四五　見「醉說」。

註四六　見韓昌黎集、文集卷三、「答劉正夫書」和「送陳秀才彤序」。

註四七　見柳河東集卷三十四、「答韋中立論師道書」和「報袁君陳秀才避師名書」。

註四八　見石介石徂徠集卷十三、「上蔡樞副書」、柳開河東集卷五、「上王學士第三書」。

註四九　小畜集卷十九、送孫何序。

註五十　孫明復小集卷二、答張洞書。

註五一　見蘇學士文集卷十三、「石曼卿詩集序」和宛陵集卷五十一、「還吳長文舍人詩卷」。
註五二　河東集卷二、東郊野夫傳。
註五三　石徂徠集卷七、尊韓。
註五四：新唐書文藝傳序。
註五五　見歐陽文忠公文集卷一百四十一、「唐柳宗元般若和尚碑跋尾」，卷六十八、「答祖擇之書」，卷四十七、「答吳充秀才書」。
註五六　見「程氏遺書」卷十八。
註五七　臨川集卷七十七、與祖擇之書。
註五八　伊川擊壤集卷首、擊壤集序。
註五九　周濂溪集卷六、周子通書文辭。
註六〇　見元豐類稿卷十一、戰國策目錄序，卷十二、王子道文集序，卷十二、王容季文集序。
註六一　嘉祐集卷八、史論。
註六二：蘇東坡全集、後集卷十四、答謝民師書。
註六三　欒城集卷二十、上樞密韓太尉書。
註六四　見黃庭堅豫章文集卷十九、「與王觀復書」第一首，又見陳鵠「西塘集耆舊續聞」引。

註六五　梅溪文集、前集卷十九、讀蘇文。

註六六　簣窗集末、跋陳耆卿簣窗集。

註六七　見朱子語類一三九、「又駁俱道書」、朱文公文集卷六四、「答鞏仲至」。

註六八　文章正宗綱目。

註六九　鶴林集卷三十一、答唐伯玉書。

註七〇　敝帚稿略卷二、答曾子華論詩。

註七一　魯齋遺書卷一、語錄。

註七二　陵川集卷二十三、「文說送孟駕之」和「答友人論文法書」。

註七三　紫山大全卷二十六、語錄。

註七四　見水雲村稿卷十一、「答友人論時文書」，又見隱居通議卷十五。

註七五　秋澗先生大全文集卷四十三、遺安郭先生文集引。

註七六　見吳文正公集卷九、張達善文集序、卷二十二、孫履常文集序、卷十四、別趙子昂序。

註七七　養吾齋集卷二十九、趙青山先生墓表。

註七八　桂隱文集卷三、與揭曼碩學士書。

註七九：見宋文憲公全集卷四十六、評浦陽人物三則之二，又見元史吳萊傳。

註八〇 師山集自序。

註八一 見吳文正公文集卷十、譚晉明詩序，卷十三、何敏則詩序。

註八二 見東維子文集卷七、「李仲虞詩序」與「趙氏詩錄序」。

第三章　宋濂的文學批評

談明初越派的文學批評，自當以宋濂爲首，不僅因爲他的文章在當時被推爲第一（註一），他的文學理論具有代表性，並且影響也及於同輩和學生。

壹、生平、師承與詩文風格

宋濂字景濂，號潛溪，一號玄眞子，其先爲金華潛溪人，至濂方遷居浦江。明初以書幣徵，除江南儒學提舉，修元史，遷翰林學士承旨，知制誥。以長孫愼得罪，安置茂州，卒年七十二（西元一三一〇——一三八一），正德中追謚文憲，明史卷一百二十八有傳。

宋濂的文章不但冠冕全國，且名播海外，明史本傳說：

在朝，郊社宗廟山川百神之典，朝會宴享律曆衣冠之制，四裔貢賦賞勞之儀，旁及元勳巨卿碑記刻石之辭，咸以委濂，屢推爲開國文臣之首。士大夫造門乞文者，後先相踵。外國貢使亦知其名，數問：『宋先生起居無恙否？』高麗、安南、日本，至出兪金購文集。四方學者悉稱爲『太史公』，不以姓氏。（卷一百二十八）看來，他在文壇的地位有點像唐代的白居易，在政壇的聲望卻似宋朝的司馬光，可說是朝野同欽，中外馳名，是文壇宗師，也是一代史家。

宋濂的文章醇深演迤，直追古作者。刻苦爲學，固是他成功的主因（註二），而明師的教導也是一項很重要的因素。

他曾受業於吳萊、柳貫、黃溍門下，吳偉業爲宋氏未刻集作序說：

浙水東文獻，婺稱極盛矣。自元移宋鼎，浦江仙華隱者方鳳韶卿與謝翺皐羽、吳思齊子善，賡和於殘山剩水之間，學者多從指授爲文詞，若侍講黃公、待制柳公、山長吳公、胥及韶卿之門，出而緯國典，司帝制，擅制作之柄。景濂親受業於三公，承傳遠而家法嚴，遂以文章冠天下。」

吳、柳、黃三公學詩於方鳳，浦陽的詩風爲之一變，宋濂旣是方氏的再傳弟子，自不能不受影響。

又趙汸序「宋文憲公全集」說：

尙論浙東君子，必以東萊呂公爲歸。百餘年間，莫善於文獻黃公。景濂父生呂公之鄉，而久游於黃公之門，別集之行，豈徒欲以文辭名世者哉？

推本溯源，知宋氏遠紹呂祖謙，而呂氏是兼具理學與文學之長的。呂祖謙字伯恭，金華人，世稱東萊先生。深通經術，尤精史事。而宋濂博極群書，孜孜聖學，五經之外，又邃於史學，這雖直接受到黃溍的傳授（註三），但也間接得之於東萊。宋濂之文，又受到朱熹的影響，黃宗羲宋元學案說：

北山一派，魯齋、仁山、白雲既純然得朱子之學髓，而柳道傳、吳正傳，以逮戴叔能、宋潛溪輩，又得朱子之文瀾。（卷八十二）

朱子傳於黃榦，何基（北山）、王柏（魯齋）承其學，再傳金履祥（仁山），復傳於許謙（白雲），諸人都很留意史學；而柳貫、吳萊至戴良、宋潛皆是有道能文之士，所以說宋氏文章出於朱熹。

黃百家按北山四先生學案云：

金華之學，自白雲一輩而下，多流而爲文人。夫文與道不相離，文顯而道薄耳。雖然，道之不亡也，猶幸有斯。（卷八十二）

全祖望「宋文憲公畫像記」也說：

婺中之學至白雲而所求於道者疑若稍淺，漸流於章句訓詁，未有深造自得之語，視仁山遠遜之，婺中學統之一變也；義烏諸公師之，遂成文章之士，則再變也；至公而漸流於佞佛者流，則三變也。

今人孫克寬先生也有一段很精闢的話，他說：

我總覺得元代金華之學，應該以金仁山爲開山，……到了仁山經歷國變的滄桑，其講學才注意尚書、春秋孔門史學的微言大義，而播下了反抗胡元的革命種子。而這時亡宋遺民，或以詩歌來發抒故國哀思，或以文學教授鄉里來培育下一代的人才。正由於有了有些深厚的學術淵源，所以無論在朝如柳貫、黃溍，在野如方鳳，吳萊，都不曾忘記宗社淪亡，與傳衍儒學的任務。後人在純理學的標準上，不免於排斥詞華，如吳萊、王禕，在學案中未曾賦以較重要的地位，甚且以金華之學，文勝於質，引爲遺憾。而我們今天正以金華諸士的文彩紛披，事功卓犖，才寄予深厚的同情。（註四）

三家之說，不論爲褒爲貶，都承認金華之學自金履祥以後，雖仍講文道合一，但已漸有「文顯道薄」、「文勝於質」的傾向；成爲載道的「文章之士」，到了宋濂「佞佛」，則又略有變化了。

事實上，宋氏佞佛之外，也兼及道教，四庫提要說他「尊崇二氏，不免過當」，確是一針見血！

宋氏精研內典，屢爲釋子文集作序，例如「用明禪師文集序」、「用堂梗公水雲亭小稿序」、「送天淵禪師濬公還四明序」、「靈隱大師復公文集序」（皆見宋文憲公全集）等皆是；其他有關碑塔、佛會、語錄的文章也不少，「靈隱輔良大師石塔銘」、「蔣山廣薦佛會記」、「千巖禪師語錄序」（皆見宋文憲公全集），「妙果禪師塔銘」、「跋清涼國師所書棲霞碑」、「跋金剛經後」、「法華經跋」、「血書華嚴經贊」（皆見宋景濂未刻集卷上），「釋氏護教編後記」、「天臺教宗圓具頌」、「送慧日師入下竺靈山教寺受經序」（皆見未刻集卷下），都是很著名的篇章。

宋氏曾爲自己與釋子交遊之事提出辯解，他說：

> 昔者蘇文忠公與道潛師游，日稱譽之，故一時及門之士，若秦太虛、晁補之、黃魯直、張文潛輩，亦皆願交於潛師；相與唱酬於風月寂寥之鄉，宛如同聲之相應，同氣之相求者。有識之士疑之，則以謂潛師游方外者也，其措心積慮，皆與吾道殊，初不可以強而同。……殊不知潛師能文辭，發於秀句，如芙蓉出水，亭亭倚風，不霑塵土，而其爲人，脫略世機，不爲浮累所縛，有如其詩。此其所以見稱於君子，而其遺芳直至於今而不銷歇也歟！四明永樂用明詷公，……著爲文辭，章句整而不亂，言辭暢而不澀，論議正而不阿，……遂日與黃公游，……其聲氣之同，蓋翕如也。……姑攄其鄙

見以爲敍，使後之讀者知古今人未嘗不同，不特文忠公之與潛師而已也。（註五）

又說：

或謂余曰：「達摩氏西來，其所傳者，心法而已矣，何以詩文爲哉？子所取於用堂者淺矣！」嗚呼，是何言歟？是何言歟？昔我三界大師，金口所宣諸經，所謂長行，即序事之類；所謂偈頌，即比賦之屬；洋洋盛大，反覆開演。天地日月，山川草木，城邑人物，飛仙鬼趣，毛羽鱗甲，莫不攝入。故後世尊之，號曰文佛。如此而能文，吾惟恐其不能文也。（註六）

宋氏以爲儒佛雖不同道，但方外之能文者，有益於世，懲惡勸善，頗爲可取。

佛教之外，宋氏全集中爲道教而寫的文章也不少，例如「上清宮提點張公墓誌銘」、「玄潤齋記」、「漢天師世家序」、「傅同虛感遇詩序」、「了圜銘」、「張中傳」、「元莫月鼎傳」、「周尊師傳」等，未刻集中也有「五氣大有寶書」、「太乙玄徵記」、「玉壺軒記」、「序俞神君靈蹟」（皆見卷上）等篇。

在「五氣大有寶書」一文中，宋氏自云：

嘗究大洞眞諸部書（未刻集卷上）。

可見他對道藏是有研究的。又「太乙玄徵記」敍夢太乙之精，授其學文之法（見未刻集

學者多疑於鬼神，若考神君之事，可不信乎？傳言五星之精能下化爲人，嗚呼，非獨五星然也。（亦見未刻集卷上）

卷上）。此外，「序俞神君靈蹟」更說：

由此可見宋氏確是躭溺異學的。

從上面這些例證來看，宋氏是熟諳理學，邃於史學的古文家，他以儒學爲根柢，旁涉佛、道，這是在研析他的詩文論時，不可不加以注意的。

以下論宋氏的詩文。

錢基博「明代文學」評宋濂文云：

敷腴朗暢而不免冗蕪，顧筆力遒足以自振，故不以冗蕪爲病。

這批評相當中肯。在宋氏集中，平江漢頌、桃花澗修禊詩序、送東陽馬生序、謝翺傳、王冕傳、李疑傳、秦士錄、竹溪逸民傳、畫原、養親園記、題龍居士畫馬、抱甕子傳等篇是他寫得較好的古文。

其詩則不如文，所作樂章，無甚新義，古詩以「送希直歸寧海五十四韻」較佳。大致而言，他的詩風格純雅，但還留有元人習氣。

貳、文學批評

宋濂自謂善於評文，「莆陽王德暉先生文集序」云：

雖然濂不能文，而評文恐未有先之者。（宋文憲公全集卷十六）

他又自稱知詩，於「劉兵部詩集序」中云：

濂雖不善詩，其知詩決不在諸賢後。（全集卷七）

宋濂自謙不能文、不善詩，而於「評文」、「知詩」方面則相當自負，可見他在文學批評方面的造詣是相當高的，事實上，他對於漢魏以降數百家詩，都「研窮其旨趣，揣摩其聲律」，所以他的文學理論確有值得研究的地方。

一、論漢季以來的詩文弊病

辭章之弊，到宋末愈加嚴重，或俳諧偶儷，或諱世取寵，或剽掠語錄，或略繩墨，删助詞，要補偏救弊，衹有期之於豪傑之士了。

宋濂持論，重「氣充言雄」之旨，故對於格局微細，辭語纖巧的作品，痛加排擊，他批評永嘉四靈詩「識趣凡近而音調卑促」（註七），凡是斤斤於對偶和聲律的作品都不爲他所取。

宋氏又謂「近代」之文，五色昏昧，五聲失倫，胸無實學，塗抹剽竊（註八），正音寂寥，體裁乖方，襟靈弗暢，有誕、弱、俗、麄之病（註九）。這些毛病都由於學者的師心自用，其「答章秀才論詩書」云：

近來學者類多自高，操觚未能成章，輒濶視前古爲無物，且揚言曰：「曹、劉、李、杜、蘇、黃諸作雖佳，不必師，吾即師，師吾心耳。」故其作往往猖狂無倫，以揚沙走石爲豪，而不復知有純和冲粹之意。（全集卷三十七）

他認爲師心而不師古，所作必流於誕而無據、弱而不振、俗而不新、粗而不潤的境地。依照宋氏的觀察，元明之際的作者又不如唐宋，其作品輕儇淺躁，愈趨愈下，唯有以復古明道救之了。

二、文以明道

宋氏所說的「文」，乃指廣義的文而言，除了狹義的辭章，還包括了邦文、廟文、官文、樂文、禮文、兵文、政文、刑文（註一○）。宋氏以爲辭章雖美，但必宗六經，方可振興古道，使體用相資，本末兼該。

宋濂認爲六經是聖人之文，有經世教化的功用，「華川書舍記」說：

日月照耀，風霆流行，雲霞卷舒，變化不常者，天之文也；山嶽列峙，江河流布，草木發越，神妙莫測者，地之文也；群聖人與天地參，以天地之文發爲人文，施之卦爻而陰陽之理顯，形之典謨而政事之道行，味之雅頌而性情之用著，筆之春秋而賞罰之義彰；序之以禮，和之以樂，而扶導防範之法具。雖其爲教有不同，凡所以正民極，經國制，樹彝倫，建大義，財成天地之化者，何莫非一文之所爲也。（全集卷三十七）

此外，他又認爲聖人之文與天文、地文並立，所以正民、經國、樹倫、建義，財成天地之化，是文之極致。降而爲諸子之文，各有所異，結果是「文日以多，道日以敗，世變日以下」，因與道不相屬，故不能同天地參。此後雖有俊才，終不純乎聖道，像漢代的賈誼、董仲舒、司馬遷、揚雄、劉向、班固，隋代的王通，唐代的韓愈、柳宗元，宋代的歐陽修、曾鞏、蘇軾，揆之聖人，不無所愧。千餘年間，祇有孟子能息邪正人，其後，「春陵之周子、河南之程子、新安之朱子，完經翼傳，而文益明焉。」（以上所引亦見華川書舍記）宋氏以儒家的標準論文，所以他認爲理學家的文章是有益於聖道的。

基於原道、徵聖、宗經的觀念，宋氏在「文原」中宣稱：

余之所謂文者，乃堯、舜、文王、孔子之文，非流俗之文也。（全集卷二十六）

仍是聖人之文的意思。文原上篇繼續強調廣義的文：

故凡有關民用及一切彌綸範圍之具，悉囿乎文，非文之外別有其他也。

這種廣義的文是實用的，故不尚空言，辭翰之文無益於世，祇有正三綱、齊六紀的文章才被他所推重。

宋氏雖賦予文以廣義的定義，但並沒有突破傳統的說法，只不過承接著孔子以降的儒者的觀點，再加以引伸舉證罷了。

以下談他如何以文明道。

宋氏將爲文者分作三等，德立文明爲最上，文以明道次之，文與道離，搜文摘句，以辭翰爲能事者最下。這種分等，仍然與他「廣義之文」的看法有關。第一等人是聖賢，既無意也無暇學文，但其心性事功即是廣義之文，「贈梁建中序」說：

德之立；其德之立，宏深而正大，則其見於言，自然光明而俊偉，此上焉者之事也。措之於身心，見之於事業，秩然而不紊，粲然可觀者，即所謂文也；其文之明，由其

（全集卷二）

有德者必有言，所以聖賢之文，出乎自然，不假外求，當然是上上之文。而第三等人背道爲文，雖多無用，故同篇又說：

好勝之心生，誇多之習熾，務以悅人，惟日不足，縱如張錦繡於庭，列珠貝於道，佳則誠佳，其去道益遠矣，此下焉者之事也。

這種工於文藝技巧的文人，宋氏視之爲雕蟲小技，壯夫不爲，其技愈佳，離道愈遠。聖賢既不可復見，刻鏤爲文者又無益於世，因此明道闢邪的第二等人自爲他所看重了，同篇又說：

優染於藝文之場，饜飫於今古之家，搴英而咀華，遡本而探源，其近道者，則而效之；其害教者，闢而絕之，俟心與理涵，行與心一，然後筆之於書，無非以明道爲務，此中焉者之事也。

作文的目標在於明道，以造於聖人之域。接著宋氏敍述自己學文的歷程，同篇又說：

余自十七八時，輒以古文辭爲事，自以爲有得也；至三十時，頓覺用心之殊，微悔之；及踰四十，輒大悔之，然如惺惺之嗜屐，雖深自懲戒，時復一踐之；五十以後，非惟悔之，輒大媿之，非惟媿之，輒大恨之，自以爲七尺之軀，參於三才，而與周公、孔子同一恒性，乃溺於文辭，流蕩忘返，不知老之將至，其可乎哉？自此焚毀筆研，而游心於沂泗之濱矣。

足見他本躭溺於古文辭，其後既悔且媿又恨，經三十餘年的掙扎努力，才知以明道爲務。

他之所以必欲明道，乃因道本文末，道明而文自見，故其「朱葵山文集序」云：

文不貴能言，而貴於不能不言，日月之照然，星辰之煒然，非故爲是明也，不能不明也。江河之流，草木之茂，非欲其流且茂也，不能不流且茂也。此天地之至文，所以不可及也。惟聖賢亦然，三代之書、詩，四聖人之易，孔子之春秋，曷嘗求其文哉？道充於中，事觸於外，而形乎言，不能不成文爾，故四經之文，垂百世而無謬，天下則而準之。（全集卷三十二）

聖人有道，形而爲言，以成四經。宋氏把道與自然巧妙地調合在一起，正顯示他具有理學家與古文家的雙重特質。

後世爲文者不明此理，不本於道而強欲爲文，以模仿聖人語言爲工，將師古誤解作擬古，難怪其文因而日俏。

道寓於文，文章方可不朽；文繫於道，其功用則莫可比擬。道因文而明，文也因道而貴。作文須合於自然之道，作詩也不例外，因爲宋氏主張詩文同源，「題許先生古詩後」說：

詩文本出於一原，詩則領在樂官，故必定之以五聲，若其辭則未始有異也。如易、書之協韻者，非文之詩乎？詩之周頌多無韻者，非詩之文乎？何嘗歧而二之？沿及後世，其道愈降，至有儒者、詩人之分，自此說一行，仁義道德之辭遂爲詩家大禁，而風花

煙鳥之章留連於海內矣！（全集卷四十二）

他以為詩除了聲律之外，在辭語方面，與古文無異，至於內容，同樣負有載道的功能，故對作詩者留連風月而懸仁義為厲禁的觀點，頗不以為然。

詩既欲合自然之道，所以詩韻唯取協和，不應拘忌太多，「洪武正韻序」說：

夫單出為聲，成文為音，音則自然協和，不假勉彊而後成，……至於國風，雅、頌四詩，以位言之，則上至王公，下逮小夫賤隸，莫不有作；以人言之，其所居有南北東西之殊，故其所發有剽疾重遲之異，四方之音，萬有不同。孔子刪詩，皆堪被之絃歌者，取其音之協也。音之協，其自然之謂乎？不特此也，楚漢以來，離騷之辭，郊祀安世之歌，以及魏晉之作，曷嘗拘於一律？亦不過協比其音而已！（全集卷十二）

聖人刪詩，被之絃歌，離騷、漢樂府、魏晉詩，都是協比自然之音，不為韻所拘，至沈約四聲八病之說出，聲律之禁遂嚴，宋氏大不以為然，同篇又說：

自梁之沈約拘以四聲八病，始分為平上去入，號曰類譜，大抵多吳音也。及唐以詩賦設科，益嚴聲律之禁，……音韻之備，莫踰於四詩，詩乃孔子所刪，舍孔子而弗之從，而惟區區沈約之是信，不幾於大惑歟？

為詩者既不可流連於風月，斤斤於格律，則須明道弼教，也就是負有輔仁勸善的任務。

宋氏以爲詩應「發乎情而止乎禮義」（註一一），所以要有「忠信近道之質，蘊優柔不迫之思，形主文譎諫之言」（註一二）也必得具有「由祖仁義」的功能，「林氏詩序」說：

周之盛時，凡遠國遐壤窮閻陋巷之民皆能爲詩，其詩皆由祖仁義，可以爲世法，豈若後世學者資於口授指畫之淺哉？先王道德之澤，禮樂之教，漸於心志而見於四體，發於言語而形於文章，不自知其臻於盛美耳。王澤既衰，天下覩古昔作者之盛，始意其文皆由學而後成，於是窮日夜之力而竊擬之，言愈工而理愈失，力愈勞而意愈違，體調雜出，而古詩亡矣！非才之不若古人也，化之者不若而無其本也。」（全集卷三十二）

後代的擬古者不知求其本而訊其末，無道德之澤，禮樂之教，用力再勤，辭藻再工，也不能如古人之自然成章，救弊之法，祇有明道師古了。

三、師古

宋濂的師古說，模擬只是手段，創新才是目的。

宋氏謂爲文必經師授，方克有成，「題永新縣令烏繼善文集後」說：

世之學者必有師，雖百工技藝之微，亦必有以相授，然後能造其閫奧，況爲文者發造化之祕，貫古今之統，苟無以管攝而闔闢之，則何以盡其變化不測之妙，其不傳於師，奚可哉？……予常譬之有美錦焉，使朝市縫人製之，則能中度而適體；委於巖穴之粗工，則左低而右昂，上侈而下斂，錦固錦矣，其如不合何?!文之無師授者，亦若斯而已。（全集卷十八）

有師授才能中度適體，因此，必得師古。宋氏之所謂「古」，含蘊很廣，大至於道，小至於書，都包含在裏面，「師古齋箴」說：

所謂古者何？古之書也，古之道也，古之心也。道存諸心，心之言，形諸書，日誦之，日履之，與之俱化，無間古今也。（文憲集卷十五）

師古須口誦力行，不專溺於辭章，方有所成。

黃溍曾教宋濂學文以六經爲根本，史記、漢書爲波瀾，也就是先經後史之意。爲何要先經後史呢？因爲五經各備文之衆法，且爲聖人所删定，代天立言，包羅宏富，故當先宗經，「葉夷仲文集序」自述讀經史之法：

於是取一經而次第窮之，有不得者，終夜以思，思之不通，或至達旦。如此者有年，始粗曉大旨，然猶不敢以爲是也，復聚群經於左右，循環而溫繹之。如此者亦有年，始知聖人之不死，其所以代天出治，範世扶俗者，數千載猶一日也，然猶不敢以爲足也，朝夕諷咏之，沈潛之，益見片言之間可以包羅數百言者，文愈簡而其美愈無窮也。由是去讀遷、固之書，則勢若破竹，無留礙矣！權衡旣懸，而百物重輕無遁情矣，然猶不敢以爲易也，稽本末以覈其凡，嚴褒貶以求其斷，探幽隱以究其微，析章句以辨其體，事固粲然明白，而其製作之意亦皦然不誣也。（全集卷十六）

先讀群經，諷詠沈潛，再讀史記、漢書，以此爲準，可定諸子百家之異同。宋氏全集卷二「朱右白雲稿序」也與「葉夷仲文集序」一樣，勸學者要先經後史。

六經是載道之文，譬如樹之本根；史記、漢書是紀事之文，譬如樹之枝葉；先經後史，是黃溍、宋濂師弟相傳的心法。經史之外，應以孟子、韓愈、歐陽修爲宗（註一三），「徐教授文集序」說：

夫自孟氏旣沒，世不復有文，賈長沙、董江都、太史遷得其皮膚，韓吏部、歐陽少師得其骨骼，舂陵、河南、橫渠、考亭五夫子得其心髓，觀五夫子之所著，妙斡造化而弗違，百世以俟聖人而不惑。斯文也，非宋之文也，唐虞三代之文也；非唐虞三代之文也，六經之文也。文至於六經，至矣盡矣！（全集卷二十六）

孟子當師，而各得孟子之一體的賈、董、馬、韓、歐、理學五子也應取法。宋濂以爲師古不可不徵聖宗經，而這又和他明道的觀念息息相關。

宋氏說賈誼、董仲舒、司馬遷僅得孟子皮膚，因賈誼的「陳政事疏」雖有洙泗典型，「過秦論」也以仁義爲準論秦國，略通聖人之道，可惜雜以申、商、韓非之術，終是不純；至於董仲舒，漢書五行志說他「治公羊春秋，始推陰陽，爲儒者宗。」（卷二十七）其「春秋繁露」雖雜糅陰陽五行之說，論心性則調和孟荀，謂「仁貪之氣，兩在於身。」（深察名號）重義輕利雖近於孟，而仁義之外兼重智，則近於荀，可見他對孟子之學也不精粹；宋氏雖推司馬遷是一代史家，但依儒家觀點，史記所論，「是非頗繆於聖人」（註一四），所以於孟學仍未得其至。

宋氏說韓愈、歐陽修得孟子骨髓，因韓愈「非三代兩漢之書不敢觀，非聖人之志不敢存」，既「行之乎仁義之途」，又「游之乎詩書之源」（註一五）；歐陽修主張師經，以爲「道純則充於中者實，中充實則發於文者輝光」（註一六）「道勝者文不難而自至」（註一七）。二人爲文立志，都不離聖人之道。

宋氏說理學五子得孟子之心髓，因周敦頤是宋理學的開山祖，二程窮理明道，本於六經，張載學古力行，爲往聖繼絕學，朱熹窮理致知，是理學的集大成者。宋氏受到宋元道學家的影響，而建立了他自己的文學理論。

師古雖屬必要，但須得法，否則成就不大，「張侍講翠屏集序」說：

文之難言久矣！周、秦以前固無庸議，下此唯漢爲近古，至於東都，則漸趨於綺靡，而晉、宋、齊、梁之間，俳諧骩骳，歲益月增，其弊也爲滋甚，至唐韓愈氏始斥而返之。韓氏之文，非唐之文也，周秦西漢之文也。韓氏之文固佳，獨不能行於當時，逮宋歐陽修氏始效而法之，歐陽氏之文，非宋之文也，周秦西漢之文也。歐陽氏同時而作者，有曾鞏氏，有王安石氏，皆以古文辭倡明斯道，蓋不下歐陽氏者也。（全集卷四十六）

宋氏論文，以周秦西漢爲準的，韓、歐、曾、王因師法得宜而成大家，故天下宗之。元代爲文者出入歐、曾、王三家之間，雖享有文名，但學之不當，也有咎失，祇有張以寧較爲成功。「張侍講翠屏集序」中說：

所以學歐陽氏而不至者，其失也纖以弱；學曾氏而不至者，其失也緩而馳；學王氏而不至者，其失也枯以瘠……今觀先生（按：指張以寧）之文，非漢非秦周之書不讀，用力之久，超然有所悟，入豐腴而不流於叢穴，雄峭而不失於粗厲，清圓而不涉浮巧，委蛇而不病於細碎，誠可謂一代之奇作矣。

以寧因取法乎上，用功深，又能超悟，所以成家。

宋氏認爲師古是初學者所必經的手段，但末後應自成一家。上焉者師其意而自名家，下焉者師其辭而流於模擬，一得其氣象精神，一則東施效顰。其「答章秀才論詩書」說：

詩之格力崇卑固若隨世而變遷，然謂其皆不相師可乎？第所謂相師者或有異焉，其上焉者師其意，辭固不似，而氣象無不同；其下焉者師其辭，辭則似矣，求其精神之所寓，固未嘗近也，然唯深於比興者乃能察知之爾。雖然，爲詩當自名家，然後可傳於不朽，若體規畫圓，準方作矩，終爲人之臣僕，尚烏得謂之詩哉？（全集卷三十七）

宋氏也承認時代背景對詩風的影響，作品會因時而異，但仍然肯定師古的必要，只是他反對死守規矩，勸人要師意不師辭。詩所以吟咏性情，創新是最大也是最高的目標。

宋氏的「師古說」不僅如上所述，也可從他的實際批評中得到印證，其「答章秀才論詩書」所評騭的作者，由漢至宋，充份的實踐了他的理論：

論蘇武、李陵云：「實宗國風與楚人之辭。」

論曹氏父子、建安七子、嵇康、阮籍云：「皆師少卿而馳騁於風雅者也。」

論陶潛云：「其先雖出於太沖、景陽，究其所得，直超建安而上之，高情遠韻，殆猶大羹克鉶，不假鹽醯，而至味自存者也。」宋濂以爲陸機、陸雲倣曹植，潘岳、張華、張協擬王粲，左思、張翰學劉楨，都不算成功，而淵明雖由模擬入手，但能自成一家，邁越建安，這是他獨高卓絕的原因。

論元嘉詩云：「三謝亦本子建而雜參於郭景純，延之則祖士衡，明遠則效景陽，而氣骨淵然，駸駸有西漢風。」

論沈、王、江、陰云：「沈休文拘於聲韻，王元長局於褊迫，江文通過於摹擬，陰子堅涉於淺易。」

論唐初云：「張子壽、蘇廷碩、張道濟相繼而興，各以風雅為師；而盧昇之、王子安務欲淩跨三謝，劉希夷、王昌齡、沈雲卿、宋少連亦欲蹴駕江、薛，固無不可者，奈何溺於久習，終不能改其舊，甚至以律法相高，益有四聲八病之嫌矣！唯陳伯玉痛懲其弊，專師漢、魏而友景純，淵明，可謂挺然不群之士，復古之功於是為大。」宋氏喜自然之音，不尚聲律，而陳子昂力倡古風，直追漢、魏，故為他所推重。

論杜甫，則取元稹之言（註一八）沒有加上自己的看法。

論李白云：「宗風騷及建安七子，其格極高，其變化若神龍之不可羈。」足見太白不僅取法乎上，且能鎔鑄變化，成為大家。

論王維云：「依做淵明，雖運詞清雅，而萎弱少風骨。」以為摩詰學淵明而未至。

論韋應物云：「祖襲謝靈運，能一寄穠鮮於簡淡之中，淵明以來，蓋一人而已。」以為韋蘇州淡而能穠，有至味。

論岑參、高適、劉長卿、孟浩然、元次山云：「咸以興寄相高，取法建安。」

論韓、柳云：「韓初效建安，晚自成家，……柳斟酌陶、謝之中，而措辭窈眇清妍，應物而下，亦一人而已。」

論劉夢得云：「步驟少陵，而氣運不足。」

論李賀、溫庭筠、李商隱、段成式云：「專誇靡曼，雖人人各有所師，而詩之變又極矣。比之大曆，尚有所不逮，況廁之開元哉？」可見宋濂論詩，貴質樸，不尚華麗。

論宋初云：「襲晚唐五季之弊，天聖以來，晏同叔、錢希聖、劉子儀、楊大年數人，亦思有以革之，第皆師於義山，全乖古雅之風。」濂不喜義山，而宋初詩人大多模倣義山，故不得宋氏好評。

論王、歐、蘇、梅云：「王元之以邁世之豪，俯就繩尺，以樂天爲法；歐陽永叔痛矯西崐，以退之爲宗。蘇子美、梅聖俞介乎其間，梅之覃思精微，學孟東野；蘇子筆力橫絕，宗杜子美；亦頗號爲詩道中興。」諸人能矯西崐之弊，故稱作手。

論蘇、黃云：「雖曰共師李、杜，而競以己意相高，而諸作又廢矣。自此以後，詩人迭起，或波瀾富而句律疏，或煅煉精而情性遠，大抵不出于二家。」宋氏認爲東坡、庭堅影響於同時及後代詩人旣深又遠。

論隆興、乾道詩云：「尤延之之清婉，楊廷秀之深刻，范至能之宏麗，陸務觀之敷腴，亦皆有可觀者。然終不離天聖、元祐之故步，去盛唐爲益遠。」四子難脫天聖、元祐範疇，故離盛唐之音愈遠。

論蕭、趙云：「氣局荒頹而音節促迫。」可說是變之極了。

由上述的實際批評來看，宋氏以爲歷代詩人各有所師，所師愈高，成就愈大，若能再出以己意，更可卓然成家，若所師不當，則成就不大，此其一。

師古才有純和沖粹之音，此其二。

不批評三百篇，是爲了尊經的原因，此其三。

自漢至宋，除了少數豪傑之士，如陶潛、杜甫外，宋氏以爲一代不如一代。漢、魏是風騷餘音，晉猶可法，元嘉不如太康，永明以降，其弊尤甚。唐初陳子昂挺然不群，盛唐大家、名家輩出，大曆、元和也頗可取，晚唐轉衰，宋初襲晚唐五代之弊，歐陽修諸人出，號稱中興，蘇、黃影響力大，南宋去盛唐愈遠。此其四。

宋氏不論元朝，可能是時代太近，含有不論當代人的意思。此其五。

論唐詩，有唐初、盛唐、大曆、元和、晚唐之目，與滄浪詩話同。論晚唐云：「比之大曆，尚有所不逮，況廁之開元哉？」論尤、楊、范、陸，則云：「去盛唐爲益遠」，可見他認爲唐優於宋，而唐詩又以盛唐爲最佳，自中唐以後，他論詩以盛唐爲準則，盛唐之前，則以風騷漢魏爲圭臬。此其六。

宋氏雖主師古，但由於了解時代變遷的道理，又欲自成一家，所以不贊成爲古法所拘，「蘇平仲文集序」說：

漢武帝欲教霍去病兵法，去病辭曰：『顧方略何如耳。』濂謂去病眞能用兵者。古今之勢不同，山川風氣亦異，而敵之制勝伺隙者常紛然雜出而無窮，吾苟不能應之以變通之術，而拘乎古之遺法，其不敗覆也難哉！爲文何以異此？（全集卷二十九）

宋氏以霍去病論兵法爲喻，勸人不可拘於古法。除了時序之外，他又注意到地理環境的因素，勸人要知變通，不宜墨守成規。

最後，他歸結到自然之道，「曾助教文集序」說：

傳有之：三代無文人，六經無文法。無文人者，動作威儀，人皆成文；無文法者，物理即文，而非法之可拘也。（全集卷二十一）

三代聖人行爲措施，自然成文，是廣義的文；六經無所謂法（註一九），人情物理即是文，而文成則法隨之以立；所以他勸人師古要知變通，如此才能合於自然之道。

四、養氣

宋濂所說的「氣」是孟子所說的浩然之氣，明道需要養氣，爲文也是如此，「評浦陽人物三則」之三說：

必能養之而後道明，道明而後氣充，氣充而後文雄，文雄而後追配乎聖經，不若是，不足謂之文也。（全集卷四十六）

宋氏以爲文之所存即道之所存，因此，養氣正所以原本與固本。氣得其養，爲文則無所不參，無所不包，可惜大道湮微，文氣也因而日削，其故在受四瑕、八冥、九蠹之累。所謂四瑕，即荒、斷、緩、凡，「雅鄭不分之謂荒，本末不比之謂斷，筋骸不束之謂緩，旨趣不超之謂凡」，足以戕賊文之形骸。所謂八冥，即訐、撨、庸、痔、㹀、碎、陋、眯，「訐者將以疾乎誠，撨者將以蝕乎圜，庸者將以混乎奇，痔者將以勝乎腴，㹀者將以亂乎精，碎者將以害乎完，陋者將以革乎博，眯者將以損乎明」，八者足以損傷文之膏髓。所謂九蠹，即「滑其眞，散其神，揉其氛，徇其私，滅其知，麗其蔽，違其天，昧其幾，爽其貞」，（以上所引皆見全集卷二十六、文原下）九者足以死文之心。若能去除四瑕、八冥、九蠹，則氣必得其養，然後能情深而文明，氣盛而化神，可以和天地同其不朽。

氣旣受先天之才的囿限，也受後天居處的影響。

就先天之才而言，才爲體，文爲用，有體而後有用，萬物因才之所受而各自成文，譬如植物，顏色各有不同，一囿於氣，則不可移；又如動物，鱗介羽獸各異，也局於氣而不可改。至於岐陽之鳳、洛陽之花則是動、植物中的至文了。宋氏所謂的「文」意指廣義的文，他最欣賞自然之文，此處的才也指天賦而言，聖賢稟賦高於衆人，所以成就也較大，「靈隱大師復公文集序」說：

有一人之人，有十人之人，有百人之人，有千萬人之人，有億兆人之人，其賦受有不齊，故其著見亦不一而足。所謂億兆人之人，聖人是也；千萬人之人，賢人是也；百十人之人，衆人是也。衆人之文不足論，賢人之文則措之一鄉而準，措之一國而準，措之四海而準。聖人之文則斡天地之心，宰陰陽之權，掇五行之精，無鉅弗函，無微弗攝。雷霆有時而藏，而其文弗息也；風雲有時而收，而其文弗停也；日月有時而蝕，而其文弗晦也；山崖有時而崩，而其文弗變也。其博大偉碩有如此者，而其運量則不越乎倫品之間。蓋其所稟者盛，故發之必弘；所予者周，故該之必備。嗚呼！此豈非體大而用宏者歟？（全集卷二十六）

宋氏認爲才歛於內，文發於外，才氣的高低關係到文章的優劣和功用的大小。人類因賦受不齊，而有聖人、賢人、衆人的分別，聖人才高文佳，體大用宏，故可垂之永久，行之廣遠。

就後天的居處而言，宋氏分文章爲臺閣體與山林體，二體風格、內容各異，不僅由於作者氣性不同，也跟居處環境互異有關，他在「汪右丞詩集序」中說：

> 山林之文，其氣枯以槁；臺閣之文，其氣麗以雄，豈惟天之降才爾殊也，亦以所居之地不同，故其發於言辭之或異耳。濂嘗以此而求諸家之詩，其見於山林者，無非風雲月露之形，花木蟲魚之玩，山川原隰之勝而已，然其情也曲以暢，故其音眇以幽。若夫處臺閣則不然，覽乎城觀宮闕之壯，典章文物之懿，甲兵卒乘之雄，華夷會同之盛，所以恢廓其心胸，踔厲其志氣者，無不厚也，無不碩也，故不發則已，發則其音淳龐而雍容，鏗鍧而鞺鞳，甚矣哉！所居之移人乎？（全集卷二）

在「蔣錄事詩集」中又說：

> 山林之文，其氣瑟縮而枯槁；臺閣之文，其體絢麗而豐腴。此無他，所處之地不同，而所托之興有異也。有立（按：蔣子杰字）以粹然之學，位居柱史，日趨殿陛，濡毫螭坳，回視山林，不翅有仙凡之隔。」（全集卷十三）

宋氏把臺閣體高置於山林體之上，這跟他明道的實用文學觀有關，當然，他仕宦的經歷也是原因之一，說他是明代臺閣體的先驅，是很恰當的。

閱歷也可影響文氣，遊覽名山大川，足以養氣，「詹學士文集序」說：

然予聞太史公周覽名山川，故作史記煜煜有奇氣。同文（按：詹學士名）他日西還，予將相隨，泛洞庭，浮沅、湘，登大別、九疑之山，吸風吐雲，一洗胸中穢濁，使虛極生明，明極光發，然後揮毫以尾同文之後，萃靈鳳之彩毛，擷天葩之奇馨，或者當有可觀。（全集卷二）

宋氏以爲太史公遍遊名勝，故作文有奇氣，也以此意勉詹學士。

詩爲心聲，聲因於氣，氣則隨人而著形，氣性有異，作品風格也因而不同，「林伯恭詩集序」說：

凝重之人，其詩典以則；俊逸之人，其詩藻而麗；躁易之人，其詩浮以靡；苛刻之人，其詩峭厲而不平；嚴莊溫雅之人，其詩自然從容而超乎事物之表。」（全集卷十六）

氣既是如此重要，若能於穎悟、博學之外，加上察變、通情，則可憑藉靈氣，同篇又說：

風霆流形，而神化運行於上；河嶽融峙，而物變滋殖於下。千態萬狀，沈冥發舒，皆一氣貫通使然。必有穎悟絕特之資，而濟以該博宏偉之學，察乎古今天人之變，而通其洪纖動植之情，然後足以憑藉是氣之靈。彼局乎一方，滯乎一藝，雖欲捷騁橫鶩，以追于古人，前之而愈卻，培之而愈低，幾何不墮於鄙陋之歸，……世之學詩者衆矣，不知氣充言雄之旨，往往局於蟲魚草木之徵，求工於一聯隻字間，眞若蒼蠅之聲，出於蚯蚓之竅而已，詩云乎哉？

宋氏之所謂氣，除了指和倫理道德有關的浩然正氣外，還包括了才氣、氣性而言。養浩然之氣，須除四瑕、八冥、九蠹；才氣則受之於天，不可勉強；詩文風格所以不同，除先天的稟賦有異外，與後天居處也有關係；氣性既得之於天，又與環境有關？而遍遊山川，增長見聞，也可培養奇氣。

除了天賦無可勉強，養氣須在進德、博學、長識方面下功夫，此外，如能察變、通情，所作自然文雄而追配聖經了。

宋氏的養氣說，與其明道的實用論密不可分，他以爲道明而後氣充，氣充方能文雄，可見養氣是爲了明道，要養氣須從明道入手。

五、備五美

師古之外，還須「五美云備」。所謂五美，一是超逸之才，二是稽古以審音節體製，三是師友所示軌度，四是宵咏朝吟，五是江山之助。

何以要五美云備呢？「劉兵部詩集序」說：

詩，緣情而托物者也，其亦易易乎？然非易也。非天賦超逸之才，不能有以稱其器。才稱矣，非加稽古之功，審諸家之音節體製，不能有以究其施。功加矣，非良師友示之以軌度，約之以範圍，不能有以擇其精。師友良矣，非雕肝琢膂，宵咏朝吟，不能有以驗其所至之淺深。吟咏侈矣，非得夫江山之助，則塵土之思，膠擾蔽固，不能有以發揮其性靈。（全集卷七）

音節體製與軌度範圍是師古時所不能不注意的，宵咏朝吟正是雕肝琢膂，嘔心瀝血，勤加習作的功夫！遵法、勤學而外，若乏才氣，終無法自出新意，尤有賴於名山秀水之助，始能發揮性靈，助長文思，若缺其一，則所作必有瑕疵，因此宋氏在同篇又說：

蓋不得助於清暉者，其情沈而鬱；業之不專者，其辭蕪以龐；無所授受者，其制澀而乖；師心自高者，其識卑以陋；受質蹇鈍者，其發滯而拘。古之人所以擅一世之名，雖其格律有不同，聲調有弗齊，未嘗有出於五者之外也。

就才而言，係得之於天，受之於父母，各人賦受不齊，無可勉強，宋氏自言學文五十餘年無書不觀，無地不至，碩師鉅儒無不親，但仍無法「造作者之域」，其故在「受才之有限」（註二〇），可見他在學、識、力、師之外，相當重視天賦，難怪他要以才為體，以文為用，而謂「有體斯有用」了。

至於審音節體製，宋氏曾學詩於長薌公，知須歷諳諸體，完其制作聲辭之眞，方可自成一家（註二一），「評浦陽人物三則之二」也述及吳萊教其作文有音法、韻法、辭法與章法，音法「欲其倡和闔闢」，韻法「欲其淸濁諧協」，辭法「欲其呼吸相應」，章法「欲其布置謹嚴」，此外還須精擇，因爲字有不齊，體也不一，須隨其類而附之（註二二），否則就玉瓚與瓦缶並陳了。他也要作詩者揚厲體裁，低昂音節（註二三）；作文者嚴體裁，調律呂（註二四）。可見他的文學理論雖偏於明道尊經的講求，但對於音節體製也不是不注重，祇是他較看重自然的格律，而不欲人斤斤死守罷了。

師道之倡，應有師友淵源，師所以盡傳授之秘，友所以成相觀之善（註二五）。宋氏一生得力於明師處甚多，從「送東陽馬生序」一段話可窺知他尊師之隆，事師之恭：

旣加冠，益慕聖賢之道，又患無碩師名人與遊，嘗趨百里外，從鄉之先達執經叩問。先達德隆望尊，門人弟子塡其室，未嘗稍降詞色。余立侍左右，援疑質理，俯身傾耳以請。或遇其叱咄，色愈恭，禮愈至，不敢出一言以復，俟其忻悅，則又請焉。故余雖愚，卒獲有所聞。當余之從師也，負笈曳履，行深山巨谷中，窮寒烈風，大雪深數尺，足膚皸裂而不知，至舍，四肢僵勁不能動，媵人持湯沃灌，以衾擁覆，久而乃和。

由此可見能成為明初的古文大家和傑出的文學批評家，決非倖致。明師之外，益友切磋之功也不可無，胡翰、蘇伯衡、劉基、王禕，都是當時的名家，宋濂和他們交遊往來，足以收觀摩勸善之效。

此外，雕肝琢腎，宵咏朝吟，正是專與勤的功夫，宋氏「送東陽馬生序」中自言治學之勤與艱：

同舍生皆被綺繡，戴珠纓寶飾之帽，腰白玉之環，左佩刀，右備容臭，燁然若神人。余則縕袍敝衣處其間，略無慕艷意，以中有足樂者，不知口體之奉不若人也，蓋余之勤且艱若此。（文憲集卷八）

勤固可貴，但還須補之以專，宋氏曾慨歎習詩者多如牛毛，可惜專之者少如麟角（註二六）必得勤而且專，方能達到精熟深刻的地步。

「江山之助」乃強調地理環境的重要性，其「送天臺陳庭學序」說：

成都，川蜀之要地，揚子雲、司馬相如、諸葛武侯之所居，英雄豪傑戰攻駐守之迹，詩人文士遊眺、飲射、賦詠、歌呼之所，庭學無不歷覽。既覽，必發為詩，以紀其景物時世之變，於是其詩益工。越三年，以例自免歸，會予於京師；其氣愈充，其語愈壯，其志意愈高，蓋得於山水之助者侈矣！（文憲集卷八）

名山秀水有益文思，劉勰文心雕龍，鍾嶸詩品序已言之於先，蘇轍也曾爲文暢論（註二七），宋氏從先天的超逸之才，談到後天的稽古、遵法、勤作，又加上「江山」一項，以清明作者神智，發揮作者性靈，可謂面面俱到，非常周延了。

六、其他

宋濂的詩文論除了上述五項以外，其他較次要的在此一併敘述。

㈠知文難

宋氏認爲作文不難，而難在知文，因爲學問有深淺，識見有精粗，所以未必眞的識文，批評者往往隨一己之好惡而定是非優劣，眞正要識文知文很不容易。

知文固難，知音也不易得，「送天淵師濬公還四明序」說：

作之者雖精，而知之者未必眞；知之者固審，而揚之者未必至；此其每相値而不相成。唐有柳儀曹，而浩初之文始著；宋無歐陽少師，而秘演之名未必能傳至於今；蓋理勢之必然，初不待燭照龜卜而後知之也。

如此說來，千里馬常有，而伯樂不常有，所以許多像浩初、秘演之流的能文之士就往往湮沒而不彰了。

㈡文可不朽

宋氏從文以明道的觀點，以爲文人之名可衣被四海，流布百世，「楊君墓誌銘」說：

激者之論，恒謂名者天所最忌，矧以能文名，則又忌之尤者也，所以文人多畸孤坎壈以終其身，視富與貴猶風馬牛不相及也。嗚呼！豈其然哉？彼貨殖者不越朝歌暮絃之樂耳，顯榮者不過紆朱拖紫之華耳，未百年間，聲銷景沈，不翅飛鳥遺音之過耳，叩其名若字，鄉里小兒已不能知之矣！至若文人者，挫之而氣彌雄，激之而業愈精，其嶷立若嵩華，其昭回如雲漢，衣被四海而無慊，流布百世而可徵，是殆天之所相，以彌綸文運，豈曰忌之乎？（全集卷十二）

他不以文人必遭天忌，困窮終身之說爲然，而認爲富貴短暫，文章永恒，文人愈挫愈堅，作品歷困窮之境而愈精美，這說法跟曹丕和歐陽修的主張大致相同（註二八）。

七、小結

綜上所述，宋濂的詩文論有幾個要點：

㈠廣義的文學觀。

㈡文欲明道徵聖宗經。

㈢爲文必須師古，取法乎上，最後應自成一家。

㈣學文應先經後史。

㈤養氣。

㈥詩須五美云備。

㈦知文難。

㈧文人困窮，正所以成就不朽偉業。

叁、文學批評的淵源、影響和評價

宋濂既主張廣義的文，當然強調詩文的實用性與教化的功能，明道、徵聖、宗經和由祖仁義的論點都由此衍發，而孔、荀、揚雄、劉勰、王通、白居易、柳冕、韓愈、柳宗元、李翺、皮日休、柳開、孫復、智圓、周敦頤、二程、胡銓、朱熹、眞德秀、趙秉文、郝經、劉將深等人實已導之於先。

孔子教學生，先德行，後文學，所謂「志於道，據於德，依於仁，游於藝。」（論語述而篇）「有德者必有言，有言者不必有德。」（論語憲問篇）又謂詩經「思無邪」，都有道本文末，重道輕藝的意味。主張詩要有興觀群怨、事父、事君、多識、專對的功能。

荀子主張徵聖、宗經、言志，他說：「聖人也者，道之管也。天下之道管是矣，百王之道一是矣，故詩書禮樂之道歸是矣。」（儒效篇）經之用，在詩言其志，書言其事，禮言其行，樂言其和，春秋言其微。

揚雄直承孔、荀的觀點，以爲聖人得「言之解」和「書之體」，五經爲「衆說郛」（註二九），堯舜文王爲正道（註三〇）壯夫不作賦（註三一），所論不離儒家的範疇。

劉勰著文心雕龍，除了對「道」作較寬的解釋外，徵聖宗經的看法跟傳統的儒家大致相同。

其後王通「中說」標明道之旨；柳冕以教化爲準，倡文道合一；白居易持諷喻說，認爲詩應根情、苗言、華聲、實義；韓愈爲道作文；柳宗元文以明道；李翺謂語言必根教化；皮日休尊經崇孟；柳開以文爲道之筌，最重孔、孟、揚、韓；孫復以文爲道之用，道爲教之本；智圓提倡仁義五常，善善惡惡；周敦頤主文以載道；二程謂能明道則能文；胡銓持自然之說，以爲文生於不得已；朱熹以道爲根本，文爲枝葉；眞德秀明義理切實用；趙秉文宗歐、蘇，兼採古文和道學之長；郝經謂六經理極，文至法備；劉將深謂文當以理爲主，以氣爲輔，合歐、蘇與伊、洛而爲一。

上述各家之說是宋濂文學觀的先導，宋氏集大成而建立了復古的理論。

「先經後史」之說固得諸黃溍的教誨，但劉勰、柳宗元已早有類似的看法（註三二）。

宋氏以爲養氣即養浩然之氣，作者既囿於先天之才，又受後天居處、職業、地位的影響，學識、閱歷皆不可無，此外尚須察變、通情。以上這些論點確是受到孟子、劉勰、蘇轍、呂本中、陳耆卿、王柏的影響。

孟子養氣，配義與道。劉勰文心雕龍說：「清和其心，調暢其氣，煩而即捨，勿使壅滯。」（養氣篇）此外神思、風骨、聲律等篇也有討論文氣的文字，蘇轍以爲氣可養而致，周覽四海，以暢文氣（註三三）。呂本中謂作詩先須養氣（註三五）；王柏主張「知道爲先，養氣爲助。」（註三五）這些觀點對宋濂都有啓發的作用。

宋氏「取法乎上」、「師意不師辭」之說則分別受到嚴羽和韓愈的啓廸（註三六）。「知文難」、「知音不易得」的說法，又由劉勰、柳宗元、劉克莊開其端（註三七）。

宋氏以爲困窮正所以成立言大業，司馬遷、韓愈、杜牧、歐陽修、李綱、劉克莊是這種議論的先輩。

司馬遷「報任安書」謂西伯演易，孔子作春秋，屈原賦離騷，左丘明著國語，乃至孫臏兵法，呂不韋呂覽，韓非說難、詩經，「此人皆意有所鬱結，不得通其道，故述往事，思來者。」正是困窮所以激發創作意願的意思，而其史記也是窮而後工的作品。

構。

韓愈謂「歡愉之辭難工，窮苦之言易好」、「愁思之聲要妙」，窮愁的境遇可以產生佳

杜牧以爲古人不遇於當世，寄志於言，求遇於後世（註三八），將困窮昇華爲藝術。

歐陽修謂愈窮則愈工，「非詩之能窮人，殆窮者而後工也。」（梅聖俞詩集序）這與宋濂認爲文人窮困，非遭天忌，正所以成其名山偉業之意一樣。

李綱以爲士達則寓意功名，窮則潛心文翰，窮而後工的原因是「其用志專，其造理深，其歷世故，險阻艱難無不備嘗故也。」（玉峯居士文集序）

劉克莊謂畸人退士作詩有標致，必空乏拂亂，流離顚沛，然後有感觸，「必與其類鍛鍊追琢，然後工。」（跋章仲山詩）這說法又與孟子相通。

以上述宋濂詩文論的淵源，以下談其影響與價値。

宋氏第一個影響到的是方孝孺，孝孺曾受業於宋氏門下，其文學理論，在明道、宗經、養氣、教化各方面跟宋濂幾皆相同，僅「立政」一項更強調詩文的功能與使命而已，宋氏則在宗經之外，肯定史書的重要性。

李東陽論詩，揭與觀道德之旨，他說：「夫詩者，人之志興存焉，故觀俗之美者與人之賢者，必於詩。今之爲詩者亦或牽綴刻削，反有失其志之正，信乎有德必有言，有言者不必

有德也。」（懷麓堂集文稿卷二、王城山人詩集序）以爲詩有反映現實和作者人格的功能，此外，又重道輕技，這些觀點多少受到宋濂的影響。

宋氏「師古」、「重才」之說對七子派有很大的啓發。宋氏謂詩爲心聲，聲因於氣，隨人著形，徐禎卿「藝隨品殊」之說頗爲近似。宋氏分文爲三等，王廷相也認爲文有蹈道之言與見道之言，至於文士之言則靡而寡用；李夢陽謂古之文合道，所以優於今之文（註三九）。

七子之外，茅坤主爲文當本六經，以求聖人之道，正是宋濂宗經、徵聖、明道之意。黃淳耀以爲經、史、詩、文、騷賦都在師法之列，「上房師王登水先生書」說：「應求義理於六藝，求事跡於二十一史，求萬物之情狀於騷賦詩歌，求載道之器於漢唐宋數十家之文章。」（陶庵集卷四）更強調應學六經，以崇固其本，答「歸恒軒書」說：「夫漢人之文與唐宋之文既同出於六藝，則不學六藝，又烏可以學漢哉？」（陶庵集卷四）由上面這些議論，可看出宋氏的影響及於明末。

宋濂爲匡救當時文壇的蔽病，認爲亟須返本正末；他又是兼具理學與史學兩者之長的古文家，理學家喜言復古，史學家善於推本溯源，古文家若兼有兩者之長，便不會在細故末節——修辭和作法方面曉曉不休，而在原理原則方面究心窮力。

職是之故，宋氏所說的文，當然不是狹義的辭翰之文，而是包含人事、物理、教化、事功的廣義之文；所以他要明道、徵聖、宗經、師古、養氣。明道、徵聖、宗經三者是合一的，復古即是復道。師古是師意不師辭，以自成一家，宋氏雖是明代復古說的先導，但不像一些食古不化的末流變成假古董；至於養氣，是明道、作文所不可缺少的，氣既與德義有關，又受先天之才的囿限和後天居處、職位、閱歷的影響，「聲因於氣，皆隨其人而著形」的觀點，肯定了作者氣性與作品風格的因果關係。

其次宋氏所說的「五美云備」，從得之於天的才，擴展到江山之助。他以爲才固重要，但若不加上後天審音節體製的稽古之功，再由師友示之以法，作者勤加吟咏，並乞靈於山水物色，終無法產生傑作。論詩到此地步，可說是非常周密的了。

他又說詩之格力崇卑，隨世變遷，就指出了時運對文學的影響力。

宋氏以爲詩文同源，辭亦無異，這種論調目的在肯定詩的教化功能與使命，合儒者、詩人而爲一，也就是綜合學術、道德、事功、文學，可謂用心良苦，抱負雄偉，但揆之事實，詩文不僅異源，內涵、詞語與作法也各有不同。

由上所述，可見宋氏的文學理論，從內容、形式、目的，講到風格、派別，兼及文學的源流、定義、特質、背景，可說是既博大又精微。

宋氏論文，以六經爲準，謂秦朝以後，宋文最盛。六經以降，唯孟子能闢邪正人，其後當推周、程、朱能完經翼傳，至於賈、董、馬、揚、劉、班、王通、韓、柳、歐、曾、蘇軾之流，文章雖佳，但不能純粹。

宋濂詩文論的影響，及於整個明代，擬古者取其「取法乎上」、「文必有師授」之旨，師心者則用其「師意不師辭」之法，兩者各得宋氏之一體。

【附註】

註 一　太祖曾以文學之臣爲問，劉基對曰：「當今文章第一，輿論所屬，實在翰林學士臣濂；其次臣基，不敢他有所讓；又次則太常丞臣孟兼。」（明史卷二百八十五、文苑一）

註 二　文憲集卷八、送東陽馬生序。

註 三　黃溍授濂作文之法云：「以群經爲本根，遷、固二史爲波瀾。」見宋文憲公全集卷二、朱右白雲稿序，又見全集卷十六、葉夷仲文集序。

註 四　「元代金華之學文學述評」上篇，頁八，幼獅八卷四期，民國五十八年十二月三十一日。

註 五　宋文憲公全集卷二、用明禪師文集序。

註 六　宋文憲公全集卷二、用堂榎公水雲亭小稿序。

註 七　宋文憲公全集卷十六、林伯恭詩集序。

註　八　宋文憲公全集卷二、唐肅丹崖集序。
註　九　宋文憲公全集卷二、胡山立清嘯後稿序。
註一〇　宋文憲公全集卷四十六、王毅訥齋集序。
註一一　宋文憲公全集卷二十一、劉母賢行詩序。
註一二　宋文憲公全集卷二、胡山立清嘯後稿序。
註一三　宋文憲公全集卷二十六、文原。
註一四　見漢書卷六十二、司馬遷傳贊。
註一五　韓昌黎集文集卷三、答李翊書。
註一六　歐陽文忠公文集卷六十八、答祖擇之書。
註一七　歐陽文忠公文集卷四十七、答吳充秀才書。
註一八　元稹「唐檢校工部員外郎杜君墓係銘」論子美云：「上薄風騷，下該沈、宋，言奪蘇、李，氣呑曹、劉，掩顏、謝之孤高，雜徐、庾之流麗，盡得古人之體勢，而兼今人之所獨專矣。」
註一九　宋文憲公全集卷二十一、曾助教文集序。
註二〇　宋文憲公全集卷二十六、靈隱大師復公文集序。
註二一　宋文憲公全集卷七、劉彥昺詩集序。

註二二　宋文憲全集卷四十六、評浦陽人物三則之二。

註二三　宋文憲公全集卷二、胡山立清肅後稿序。

註二四　宋文憲公全集卷二十一、曾助教文集序。

註二五　宋文憲公全集卷二十四、孫伯融詩集序。

註二六　宋文憲公全集卷二、胡山立清嘯後稿序。

註二七　欒城集卷二十、上樞密韓太尉書。

註二八　曹丕典論論文：「年壽有時而盡，榮樂止乎其身，二者必至之常期，未若文章之無窮。」歐陽修「歐陽文忠公全集」卷四十二「梅聖俞詩集序」說：「蓋愈窮則愈工，然則非詩之能窮人，殆窮者而後工也。」

註二九　法言問神篇。

註三〇　法言問道篇。

註三一　法言吾子篇。

註三二　文心雕龍宗經第三，史傳第十六、諸子第十七、柳宗元「答韋中立論師道書」謂當以五經爲本，所以取道之原，其次參閱穀梁、孟、荀、莊、老、國語、離騷、太史公書，皆有先經後史子之意。

註三三　同註二五。

註三四　胡仔苕溪漁隱叢話卷四十九「與曾吉甫論詩第二帖」。

註三五　「魯齋集」卷五、題碧霞山人王公文集後。

註三六　滄浪詩話詩辯篇說：「學者須從最上乘，具正法眼，悟第一義。」又說：「夫學詩當以識爲主，入門須正，立志須高，以漢、魏、晉、盛唐爲師，不作開元天寶以下人物。」

韓愈韓昌黎集文集卷三「答劉正夫書」以爲師古聖賢應「師其意不師其辭」。

註三七　文心雕龍有知音篇，謂：「音實難知，知實難逢。」柳宗元「與友人論文書」說：「道之顯晦，幸不幸繫焉；交之廣狹，屈伸繫焉；則彼卓然自得以奮其間者，合乎否乎，是未可知也。而又榮古虐今者，比肩疊跡，大抵生則不遇，死則垂聲者衆焉。」

劉克莊後村大全集卷一〇九「題鄭大年文卷」說：「余嘗謂作文難，論文尤難。」同卷「題劉瀾詩集序」說：「詩必與詩人評之。」

註三八　「答莊充書」。

註三九　空同集卷六十、六箴文六。

第四章　蘇伯衡的文學批評

蘇伯衡聲望雖不如宋濂高，影響也不如宋濂大，但他的文學批評以「天工說」爲中心，對方孝孺產生了不少的啓發，因此把他的文學批評放在宋氏之後，置於方氏之前，是很恰當的。

壹、生平略歷和詩文風格

蘇伯衡字平仲，號空同子，金華人，蘇轍九世孫，友龍之子。博洽群籍，警敏絕倫，工於古文。明太祖置禮賢舘，伯衡被延置，擢翰林編修，辭歸。洪武十年，宋濂致仕，薦伯衡自代，說他「學博行修，文詞蔚贍有法。」又以疾辭。廿一年，聘主會試，事竣，還；不久任處州教授，坐表箋誤，下吏死。著有蘇平仲集十六卷，明史卷二百八十五文苑有傳。

宋濂曾爲平仲文集作序說：「精博而不麤澀，敷腴而不苛縟，不求其似古人而未始不似也。」（註一）伯衡文章蹊徑與宋氏相同，「分野論」、「染說」、「川上書堂記」、「空同子瞽說」等篇，都是擲地有聲之作；詩僅一卷，澤古旣深，風格也自騫舉。

貳、文學批評

伯衡的文學理論以「天工說」爲主，細分之，則有三目。

一、文出於自然，則爲至文

伯衡以染爲喻，設天工、人工與不工三等，他認爲自然之染最爲可貴，是天下至色，人工之染雖美，畢竟不如天然之妙，而不工又遠不如人工，「染說」云：

染之妙得之心而後色之妙應於手，染至於妙，則色不可勝用矣，夫安得不使人接于目而愛玩之乎？此惟善工能之，非不善工可能也。夫工於染者之所染，與不工於染者之所染，其色固有間矣，然雖工者所染之布帛，與天地四方草木翟雀，其色則又有間矣。無他，天地四方草木翟雀之色，二氣之精華，天之所生也，天下之至色也；布帛之色，假乎物采，人之所爲也，非天下之至色也。（蘇平仲文集卷四）

不工於染者之所染，其色固劣；工於染者之所染，其色雖優，但遠不如天地四方草木翟雀之至色，因爲人爲的技巧不及天之自然成色。染之道如此，爲文之道也可分爲至文、巧、拙三級。「染說」文云：

巧者有見於中而能使了然於口於手，猶善工之工於染也；拙者中雖有見，而詞則不能達，猶不善工之不工於染也。天下之技莫不有妙焉，而況於文乎？不得其妙，未有能入其室者也。是故三代以來，爲文者至多，尙論臻其妙者，春秋則左丘明，戰國則荀況、莊周、韓非，秦則李斯，漢則司馬遷、賈誼、董仲舒、班固、劉向、揚雄，唐則韓愈、柳宗元、李翺，宋則歐陽修、王安石及吾祖老泉、東坡、潁濱。上下數千百年間，不過二十人爾，豈非其妙難臻，故其人難得歟？雖然，之二十人者之於文也，誠至於妙矣，其視六經豈不有逕庭也哉？六經者，聖人道德之所著，非有意於爲文，天下之至文也，猶天地四方草木翟雀之爲色也。左丘明之徒，道德不至，而其意皆存於爲文，非天下之至文也，猶布帛之爲色也。

染有工與不工之妙，文也有巧拙之別。染之至色爲天工，文之自然而妙者爲至文。六經是聖人道德之言，非有意爲文，故爲天工；左丘明諸人道德不至，其文雖妙，但有意爲之，終屬人工。伯衡以天工說將道德和文章巧妙地融合調和，與宋濂同樣是尊經，但道學意味較爲淡薄。

宋濂尊經，在於六經有經世教化的功用；伯衡尊經，在於六經是聖人中寓道德，發而爲言之至文。宋氏尊經，以其有益於世，有益於民；蘇氏尊經，以其自然而成至文。雖然宋氏也認爲聖賢「德立文明」，所作之文是自然成文，但總是和心性事功分不開，立論從儒家出發；蘇氏則撇開實用的文學觀，只從文章形成的過程立論。

宋氏不取諸子，蘇氏則荀況、莊周、韓非、李斯兼容並蓄，儒家之外，道、法兩家並不排斥，取徑較宋氏寬廣。宋氏以道爲準，認爲諸子「文日以多，道日以敗，世變日以下」，故不可學；蘇氏以爲荀、莊、韓、李文臻其妙，故可學。宋氏論文，以道爲準，蘇氏則以文之成就爲準。

自漢至宋的文章家，宋濂、蘇伯衡皆尊賈誼、董仲舒、司馬遷、班固、揚雄、劉向、韓愈、柳宗元、歐陽修、曾鞏、蘇軾，排斥魏、晉、南北朝、五代作家，不同的是宋氏又取隋之王通和宋之理學五子，蘇氏兼取李翺、王安石、蘇洵、蘇轍。宋氏之取王通，不在其能文，而是推許他能以道統自負；取理學五子，則在其能完經翼傳。蘇氏之取李翺，在於李氏爲韓愈高弟，認爲有德必有言（註二）；取王安石，在於王氏之文簡潔犀利，峭折精鍊，雖雜有法家言，也不可棄；取蘇洵、蘇轍，決非祇因二蘇爲其遠祖，實在於老泉筆堅勁，子由體氣高妙，確有値得推尊之處。

伯衡因尊六經是聖人道德之言，所以勸學者要窮心盡力於道德，而不可馳騖於文辭，「染說」一文云：

學者知詞氣非六經不足以言文，玄非天，黃非地，青非東方，赤非南方，白非西方，黑非北方，夏非翟，陬非雀，紅綠非草木，不足以言色，可不汲汲於道德而惟文辭之孜孜乎？

讀經正所以學聖人的道德詞氣，以合於有本有源的天工之說，而孜孜於文辭之末者就流於人工了。

伯衡又以水爲喻，謂天下至文沒有比得上水的，海爲鉅，江次之，「王生子文字序」說：

江出岷山，歷瞿塘，過灩澦，下三峽，合漢、沔，幷沅、湘，呑彭蠡以趨於海。而軋之，排之，鼓之，梗之，逆之，迫之，受之，觸之，沮之，激之；而爲湍，爲灘，爲波，爲瀨，爲漩，爲淪，爲漪，爲漣，爲濤，爲瀾；而或蹙，或舒，或亂，或縈，或徐，或疾，或衡，或縱，或仰，或大，或細；而如雲、如霧、如縠，如帶，如淪，如洄，如沫，如粼，如焰，如簾，而天下之文悉備矣！然何莫非自然也哉？惟其自然，此天下之至文必歸諸水也。」（蘇平仲文集卷五）

水受激盪，必自然成文，所以說天下之至文皆備於水，這正如東坡評自己的文章說：

吾文如萬斛泉源，不擇地皆可出，在平地滔滔汩汩，雖一日千里無難。及其與山石曲折，隨物賦形，而不可知也。（三蘇全集、東坡集卷六十三、自評文）

「與謝民師推官書」又說：

大略如行雲流水，初無定質。但常行於所當行，常止於不可不止，文理自然，姿態橫生。（蘇東坡全集、後集卷十四）

東坡所謂「不擇地皆可出」，「行於所當行」，「止於不可不止」，正是文理自然的意思，伯衡論文確受到東坡的影響。

伯衡以水爲喻，固然有取於東坡，而「染說」一文中所說的「六經者，聖人道德之所著，非有意於爲文，天下之至文也」，跟東坡「江行唱和集序」所說的「爲文者，非能爲之爲工，乃不能不爲之爲工。」還是自然成文的意思。

其實不僅水可成自然之至文，其他像日月星辰，雲霞煙霏，河漢虹霓等天文；山川林澤，丘陵原隰，城郭道路，草木禽獸等地文；君臣父子，夫婦長幼，郊廟朝廷，禮樂刑政，冠婚喪祭，蒐狩飮射，朝聘會同等人文，都是天下至文。

聖人之文，六經之語，因爲是自然至文，故可經天緯地，垂訓萬代。伯衡排斥音韻鏗鏘，采色炳煥，點畫娬媚的辭翰之文，以其無用於世，故不足貴，這跟宋濂就無甚分別了。

伯衡雖倡「天工說」，但不廢規矩，「空同子瞽說」云：

天下之物本方圓，烏用規矩哉？皆平直，烏用準繩哉？木也有直有不直，不有繩焉，其不直者則何以直乎？欲直其不直，是以繩生焉。地也有平有不平，不有準焉，其不平者則何以平乎？欲平其不平，是以準生焉。輿不自方，以矩而成方；蓋不自圓，以規而成圓；故繩之設，因木之不直也；準之設，因地之不平也；規矩之設，因輿蓋之不方圓也。規矩準繩設，則天下無物弗方圓平直矣！（蘇平仲文集卷十六）

有規矩準繩，才可成方圓平直；天工之文，雖似無法，其實合於自然之法；人工之文雖妙，也不能無法。萬物須有規矩準繩，爲文自須有法。文法具於古人作品之中，所以不能不師古。「師古齋記」說：

耕稼未有不師神農、后稷者也，古之善耕稼者，神農、后稷而已矣，不師之，不足爲良賈。爲弓莫不師揮，爲錘莫不師倕，爲車莫不師公孫氏，爲宮室莫不師公輸子。揮也，倕也，公孫氏也，公輸子也，古人之善爲弓，爲錘，爲車，爲宮室者也，師之而后足爲良工。於戲，農賈百工然矣，孰謂士之於字書也，擇古之善者而師焉而不及古之人乎？……豈獨書哉？堯、舜、禹、湯、文、武、周公、仲尼、孟軻，古之善爲人者也，爲今之士而欲善爲人，夫安得不以之爲師乎？是故文王去周公古矣，而周公儀刑之；堯舜文武去仲尼古矣，而仲尼祖述憲章之；仲尼去孟軻古矣，而孟軻學之，古之聖人賢人猶師乎古之聖人賢人，而況今之士乎？（蘇平仲文集卷八）

師古雖屬必要，但決不可泥古，宋襄公「不鼓不成行，不禽二毛」，房琯車戰，王安石用周禮，都因墨守古法，不知變通，以至於滅亡、覆敗、厲民，爲文者不可不注意，一泥於古，即失自然之法，豈能產生至文？師古固不可泥古，也不可擬古，擬古之作缺乏眞情實意，宜加擯斥，「孔克烈雁山樵唱詩集序」說：

有是志則有是詩，譬如天地之間，形氣相軋而聲出焉，蓋莫之爲而爲者，夫何難之有？自古詩變而爲選，選變而爲律，天下之爲詩者不必皆本乎志，騖於茫昧之域，窘於聲偶研揣之間，取聲之韻，合言之文，斯不易矣！又況不能積歲月之勞，極其材力之所至，而徒模擬以爲工，而欲馳騁以盡乎人情物理之妙，宜其愈難哉？是故知詩之作在言其志，則可謂善於詩者矣！（蘇平仲文集卷五）

在心爲志，發言爲詩，眞情發爲自然之音。即是佳構，爲詩者師古，應師法古人本乎情志而爲詩，否則，斤斤於格律，就非天工之作了。

二、有德必有言

此節係從前節延伸而來，伯衡取孔子「有德者必有言」一語，不僅合天工和道德而爲一，並且進一步提出了文學實用論，「孔子升潔庵集序」說：

潔庵集詩文若干首，平陽孔子升先生之所作，……余取而讀之，理到矣，氣昌矣，意精矣，辭達矣；典則而嚴謹，溫純而整峻，該洽而非綴緝，明白而非淺近，不粉飾而華彩，不鍛鍊而光輝，古之有德必有言者蓋如此，尙論文章，何以加諸？至於詩則出於性情，而不窘於畦町，有優游詠歎之思，風雅騷些之遺，而先生自視各然，何哉？豈不以視之爲文者於學無所聞，於道無所得，險澀其語以爲奇，僻怪其學以爲古，隱晦其意以爲深，突兀其體以爲高，而流俗之所尙也，先生則不出乎是，自意不足以追世好而云然也歟？嗟乎！文辭之陋，未有甚於彼者也，曾謂先生而爲之乎？人固有卻菽粟而進蜆蛤者，亦有舍布帛而取罽毯者，苟弗貴先生之文，而惟流俗之所謂文是貴，則與是何以異乎？夫蜆蛤可適口而不可療飢，罽毯氣可悅目而不可禦寒，養生則必以菽粟而不以蜆蛤也，卒歲則必以布帛而不以罽毯也。先生之文，布帛也，菽粟也，世之所不可無，人亦不得而弗之貴者也。（蘇平仲文集卷五）

這篇文章有幾個觀點值得注意：

第一、有德必有言。

第二、流俗所尙之文是險澀、僻怪、隱晦、突兀。

第三、針對流俗之弊，提出實用的文學觀。

就第一點而言，仍然和他的天工說有密不可分的關係。孔子升因人格崇高，爲文自能理到、氣昌、意精、辭達。伯衡論文，最重當理，他一再表示：文辭非以工爲貴，而在言之當理。理到自能氣昌，文有理氣，意自精而辭自達。理氣二字是理學家和古文家所津津樂道，有道學味的古文家或工於古文的理學家也往往提到辭達，至於意精，宋代的古文家常常言及，理學家則避而不提，宋濂雖言道明氣充，於「意」未曾論及，伯衡提出「意精」，可見他雖重道，並不輕文，能注意到文章的命意。

至於說詩出於性情，仍和「天工」、「自然」之說符合。

就第二點而言，流俗所尙之文，也就是流俗之弊，孔子升決不屑爲，他的文章和德行對世俗產生了針砭的作用。

就第三點而言，伯衡肯定了有德者文章的實用性和崇高性，相對的予綺靡的詩文以很低的評價。

「空同子瞽說」一凡一卷二十八首，其第十五首記空同子答尉遲楚問作文之語，先論結構章法，次論風格，最後談到要合於結構章法、風格，須諷味研習，並出乎自然。

就結構章法而言，空同子認爲文無體也無法，更無所謂難易、繁簡，最重要的是狀情寫物須辭達，這種沒有定體陳規和辭達的觀點還是「天工說」的延伸。

空同子教尉遲楚，作文應如江河之有本，「鍵之於管」、「樞之於戶」、「將之於三軍」、「腰領之於衣裳」之有統攝，「置陳」、「構居第」、「建國都」之謹布置，草木根幹枝葉花葩之「條理精暢而有附麗」，手足十二脈各有起、出、循、注、會之「支分派別，而榮衞流通」。

空同子在本源、統攝、布置、條理、支脈方面一一論及，相當周延。

就風格而言，有像天地包涵六合，不見端倪的「氣象沈鬱」，漲海波濤湧而魚龍張的「浩汗詭怪」，日月朝夕見而令人喜的「光景常新」，煙霧舒而雲霞布的「動蕩變化」，風霆流而雨雹集的「神聚冥會」，重林邃谷的「深遠」，秋空寒冰的「潔淨」，太羹玄酒的「雋永」，瀨漩馬奔的「回復馳騁」，羊腸鳥道的「縈迂曲折」，孫吳之兵的「奇正相生」，常山之蛇的「首尾相應」，父師臨子弟的「端嚴」、孝子仁人處親側的「溫雅」，元夫碩士端冕而立於宗廟朝廷的「正大」，楚莊王怒、杞良妻泣的「激切」，昆陽之戰的「雄壯」，公孫大娘舞劍的「頓挫」，菽粟布帛的「有補於世」，精金美玉，出水芙蓉的「不假磨礱雕琢」。

以上論風格凡二十種，用的是象徵的批評，是明初越派文學批評家論風格最精彩的一段文字。

為文要合於上述的結構章法和風格，必得朝夕諷味研習五經、春秋三傳、孟、荀、老、莊，積漸之久，時至心融，決不能勉強，而要出乎自然，如「聖賢道德之光，積于中而發乎外」，也就是有德者必有言的意思。空同子勸尉遲楚：與其學聖人之言，不如學聖人之道，因為「學於聖人之道，則聖人之言莫之致而致矣；學於聖人之言，非惟不得其道，并其所謂言亦且不能至矣！」（以上所引皆見蘇平仲文集卷十六、空同子瞽說）學聖人之道，自然連聖人之言也一併包含在裏面，因為道可兼言，而言不可兼道！

與「有德必有言」的論點類似的說法，伯衡還有一篇「贈金與賢序」，在這一篇文章裏面，他提出「道至而後藝至」的看法，他說：

與造物者遊，得於心，形於言，粲然在紙而成章，則謂之文。得於心，形於手，粲然在紙而成象，則謂之畫。余嘗學為文，述山之勢，水之態，烟霞雲霧之變，草木鳥獸之形，以至於神情鬼狀，或曲盡其思致，則使人讀之，不啻若登山臨水，仰烟霞雲霧，俯草木鳥獸，而鬼神出沒乎左右，心目為之竦動焉。雖未必能窮造化之妙也，而其故則可知已，又況心手相應而為畫哉？使人觀紙上之象而竦動也，固當什佰於紙上之文，而或不能然，能不以規規於筆墨畦町間乎？蓋有道有藝，道至而後藝至，自昔以藝名世者莫不有道焉。（蘇平仲文集卷六）

伯衡認爲文之佳者，足以竦動人心，而畫較文具象，效果更應十百倍於文，假如沒有收到這種功效，必是株守筆墨，泥於成規，求藝而忘道，所以他要畫者委心於道，道至而藝自至，正如歐陽修所說的「道勝者文不難而自至」。伯衡此序雖文畫兼論，甚至主旨在於論畫，其實與爲文之法相通，還是含有「有德者必有言」、天工自然的意思。

三、其他

伯衡的文學理論除上述二項較爲重要外，尚有幾點，在此一併敍述。

(一)論世運

伯衡論詩，頗能注意到時代背景的因素，譬如作樂，八音、六律、六呂之具同，而音未嘗相同，樂音之有治有忽，其關鍵所在，不係於律呂，而繫於世變。同理，作詩雖風、雅、頌、賦、比、興之具同，而其音則未嘗相同，關鍵所在，還是由於世變，「古詩選唐序」說：

夫惟詩之音係乎世變也，是以大小雅、十三國風出於文、武、成、康之時者，則謂之正雅、正風；出於夷王以下者，則謂之變雅、變風。風雅變而爲騷些，騷些變而爲樂府，爲選爲律，愈變而愈下，不論其世而論其體裁可乎？（蘇平仲文集卷四）

說樂音有治有亂，風雅分爲正變，是由於時運的原因，與詩大序的說法沒有兩樣。風雅變而爲騷些、樂府、選、律，也是由於世運升降，「愈變而愈下」，確認一代不如一代，可說是文學退化論者。同樣地，唐詩分爲三期，也是由於世運，並且中唐不及盛唐，晚唐不及中唐，同篇又說：

晚唐之詩，其體裁非不猶中唐之詩也；中唐之詩，其體裁非不猶盛唐之詩也；然盛唐之詩，其音豈中唐之詩可同日語哉？中唐之詩，其音豈晚唐之詩可同日語哉？……文之日降，譬如水之日下，有莫之能禦者，故唐不漢，漢不秦，秦不戰國，戰國不春秋，春秋不三代，三代不唐虞。自李唐一代之詩觀之，晚不及中，中不及盛。

伯衡論文論詩，喜歡以水爲喻，這裏仍以水勢日下喻文運日降，沛然莫之能禦，一代有一代的特色，一代有一代的體裁，決無法強而同之。由於體認到時運是一不可遏抑的「勢」，所以批評楊士弘的「唐音」不依世變編次，同篇又說：

伯謙以盛唐、中唐、晚唐別之，其豈不以此乎？然而盛時之詩，不謂之正音，而謂之始音；衰世之詩，不謂之變音，而謂之正音，又以盛唐、中唐、晚唐並謂之遺響，是以體裁論而不以世變論也，其亦異乎大小雅、十三國風之所以爲正爲變者矣！

唐音以體裁論，不以世變論，可說是昧於世變之理，難怪伯衡深致不滿。時代背景固可影響文章，但文章也足以反映時代，「張潞國詩集序」說：

夫文辭之盛衰固囿於世運，而世運之盛衰亦於文辭焉見之，然則誦其詩而欲知其人，可不尚論其世乎？（蘇平仲文集卷五）

不論是文辭關乎世運，或世運見於文辭，要知人不可不論世。

雖然伯衡認爲時代背景如此重要，但他承認傑出的作家超越時代，不隨世轉移，同篇又讚美張潞國晚年之作說：

雖當運去祚移之際，其情舒而不迫，其氣淳而不散，其言簡以壯，和以平，猶之盛年也，其然，非其中有不隨世轉移者存然乎？不謂之作者可乎？

不隨世轉移的作家，其作品具有永恒性，所以能不囿於世運。

㈡言可不朽

世以立德、立功、立言爲三不朽，有人致疑於伯衡，謂立言不足以不朽。伯衡認爲孔、孟立言，足以與大禹同功，又舉史氏之言爲證，「空同子瞽說」第廿六首云：

史氏之設，其爲言也，何敢望孔、孟之萬一，然要其極也，使德備于身，功加于時者，而不有史氏焉，述其終始，發其精微，見于論著，書于簡册，傳之當世，垂之後來，亦焉能不朽而永存哉？（蘇平仲文集卷十六）

史官雖不及孔、孟萬分之一，但能述終始，發精微，垂諸永遠。若無史官的記載褒揚，立德立功之士也無法留名後代。聖君賢相的盛德大業，仁人君子的微言茂行，治天下的大經大法，也有賴史官的保存，其他如宇宙分合，國家治亂，政事得失，習俗美惡，道術邪正，人材賢否，筆之於書，都足以供學士大夫討論，時君世佐鑒戒，史官之功不爲不大。史官尚可不朽，聖人著經，更是與天地同功了。

史書以外，文詞也可以紀德銘功，因文詞之於功業，如枹之於鼓，梃之與鍾，合則雙美，離則兩傷，「陳氏文錄序」說：

稚者有時而壯，壯者有時而老，老者有時而往，則有志有爲之成績亦與之俱往，焉在其爲流傳也？誦之口，孰若托之翰墨；識之心，孰若載之簡册。在昔名公卿，未有馳譽於當世，垂名於方來，而不識此者也，文詞之所係亦重矣。（蘇平仲文集卷四）

托之翰墨，載之簡册，即可不朽，這意思與典論論文所說的「年壽有時而盡，未若文章之無窮」完全相符。

㈢論批評家的重要性

伯衡論文，較宋濂更能肯定批評家的重要，「高賓叔鄭璞集序」說：

夫文章如良金美玉，自有定價，固非人所得輕重，然持金玉而欲市者，持錢而求市金玉者，必有足爲輕重之人居其間，而後欲市者與求市者信而無疑焉。（蘇平仲文集卷五）文章雖有定價，不因批評者而增減其價值，但批評家爲之臧否介紹，更可增加作者與讀者的信心，伯衡是越派文論家中最能正視批評功能的人。

四、小結

綜上所述，蘇伯衡的文學理論可歸納爲數點：

㈠文出於自然，爲天工，必是至文，其次爲人工之妙文，故六經最高，左丘明之徒所作次之。
㈡可師古不可泥古。
㈢有德者必有言。
㈣文章繫於時運，但傑出的作者不隨世轉移。
㈤文固一代不如一代，詩也晚唐不如中唐，中唐不如盛唐。
㈥言可不朽。
㈦批評家有其功能。

在一起。

叁、文學理論的影響和評價

伯衡尊經，鄙薄辭翰之文，以為有德者必有言，凡此種種，都是站在儒家的立場發言的，但「天工」、「自然」之說則有很濃厚的道家色彩，他是把儒家之道和自然之道巧妙地調和在一起。

文章關世運的說法，乃受到孟子「知人論世」和劉勰時序之說的影響，更難得的是他認為傑出的作家不隨世轉移，超乎時代之上，影響時代，振起文風。

至於說批評家可使作者和讀者「信而無疑」，則肯定和提高了批評的功能。

又其論文，六經之外，兼取諸子、秦漢和唐宋八家，擯棄魏、晉、南北朝、五代，則為七子派和茅坤、歸有光、唐順之著一先鞭。

伯衡的文學觀在當時已影響到方孝孺，「染說」一文即為勉孝孺而作，謂文有天工與人工之別，孝孺也有神與智巧之分（註四）。伯衡尊經，重道德，輕文詞，孝孺也以為聖人言行全在六經（註五），道本而文末（註六）。

伯衡認為世俗之文有險澀、僻怪、隱晦、突兀等蔽病，而有德者就能理到辭達，氣充韻勝，味雋光潔；孝孺也不以新奇為然，而主張「理明辭達」（註七），「道明氣昌」（註八）、

「養氣爲本」（註九）。宋濂之外，蘇氏應是影響孝孺最大的人了。

又伯衡的「天工」、「人工」之說，也對李卓吾的「化工」、「畫工」之論（註一〇），有啓發作用。

【附註】

註　一　宋文憲公全集卷二十九、蘇平仲文集序。

註　二　李文公集卷八、寄從弟正辭書說：「夫性於仁義者，未見其無文也。」

註　三　蘇平仲文集卷五、陳子上存稿序。

註　四　遜志齋集卷十二、蘇太史文集序。

註　五　遜志齋集卷十一、答兪子嚴。

註　六　遜志齋集卷十、與鄭叔度三首之二。

註　七　遜志齋集卷十、答王仲縉四首之三。

註　八　遜志齋集卷十一、與舒君。

註　九　遜志齋集卷十九、三賢贊。

註一〇　李卓吾「雜說」云：「拜月、西廂，化工也；琵琶，畫工也。」

第五章 方孝孺的文學批評

在越派文學批評家中，方孝孺最爲晚出，其理論除受宋濂影響外，又兼取蘇伯衡的天工說，而成就了以道德政教爲中心的文學觀，所以他可說是越派的殿軍，也是宋代以來道學家、古文家、政治家文學理論的集大成者。

壹、生平和詩風文格

方孝孺（惠帝賜給他的朝參牌作方孝儒）字希直，一字希古，學者稱正學先生，寧海人。幼警敏，鄉人稱他爲「小韓子」。洪武中除漢中府教授，建文時爲侍講學士，燕王叛變，攻入南京，孝孺不屈被殺，卒年四十六（西元一三五七——一四〇二），著遜志齋集二十四卷，明史卷一百四十一有傳。

孝孺學術醇正，文章縱橫豪放，出入蘇軾、陳亮之間，所作「春風和氣堂記」、「蚊對」、

「慈竹軒記」、「葉伯巨鄭士利傳」、「祭太史公三首」，都瞻肆偉毅；集中多雜以他人之詩，陳田明詩紀事評其「送誠意伯孫士端歸括蒼」云：「蓋亦有慨於是誦漢祖猛士之歌，同茲三歎。」（乙籤卷一）

貳、文學批評

孝孺受業於宋濂之門，詩文的創作與理論得之於宋氏處甚多，「與舒君」一文說：

蓋公（按指宋濂）之文一本乎道德，而氣足以暢之，當其發難折辯，紆餘反覆，雄毅弘博，雅而不深，質而不淺，擊刺交前，弧弩皆發，觀者駭眩失色；徐而察之，則固從容閑暇如無事時，而不失揖讓進退之禮，此公之所以服四方之士，而有誘民導俗之功者也，某之獲見知於公者又何幸哉？（遊志齋集十一）

對於宋氏可說是推崇備至，事實上，宋氏的道德、文章及教化之功確有值得他佩服的地方，「張彥輝文集序」說：

先生（宋濂）以誠篤和毅之質，宏奧玄深之識，發而為文，原功稱其如淮陰將兵百萬，百戰百勝，志不少懾；如列子御風，翩然褰舉，不沾塵土，用鳴一代之盛，追古作者與之齊，近代不足儗也。（遜志齋集卷十二）

由於高超的品格和學養，宋濂的詩文冠絕明初，孝孺耳濡目染，文學觀受到影響是必然的。

宋濂之外，蘇伯衡的影響也不小。蘇氏「染說」一文即爲勉孝孺而作，於孝孺頗爲推重，「染說」云：

不惟同門之士未有及之者，自朝之搢紳，以至四方之老成，凡與宋公交者無不推許，以爲不可及。余每過宋公，退即希直，讀其所爲文，未嘗不擊節而歎其有得於文之妙也。（蘇平仲文集卷四）

蘇氏稱讚孝孺文章「妙」，即因孝孺文章合於其「天工」的標準，而孝孺的文學理論也很強調「神」與「自然」之說。

孝孺在「蘇太史文集序」裏也致其欽敬之忱：

年二十餘遊金華，見太史蘇公之文，知公爲蘇子諸孫，嘆曰：「得蘇子之意者，其在是矣。」……頓挫闔闢而不至於肆，馳騁反復而不至於繁，崇之於天，深之於淵，無不探也。奧之於道德，著之於政教，無不究也。（遜志齋集卷十二）

正因爲宋濂、蘇伯衡對孝孺有啓導之功，所以本書在談完二人的文學理論以後，便次之以孝孺。

以下將逐一探討方氏的文學批評。

一、道明氣昌、理明辭達

孝孺論文，首重乎道，他所說的道係指儒家聖賢之道。道本文末，文是傳道之具，道不至，則不足以言文。他曾從氣運、言語兩方面去考察三代秦漢之書是否合於道的標準和聖賢的規矩（註一）。

道以外，他又提到理、氣、辭，要爲文者能道明氣昌，理明辭達。「與舒君」說：

道者，氣之君；氣者，文之帥也。道明則氣昌，氣昌則辭達；文者，辭達而已矣，然辭豈易達哉？六經、孔、孟，道明而辭達者也。自漢而來，二千年中，作者雖有之，求其辭達，蓋已少見，況知道乎？夫所謂達者，如決江河而注之海，不勞餘力，順流直趨，終焉萬里。勢之所觸，裂山轉石，襄陵蕩壑，鼓之如雷霆，蒸之如煙雲，登之如太空，攢之如綺縠，廻旋曲折，抑揚噴伏，而不見艱難辛苦之態，必至於極而後止，此其所以爲達也，而豈易哉？漢之司馬遷、賈誼，其辭似可謂之達矣，若揚雄則未也；唐之韓愈、柳子厚，宋之歐陽修、蘇軾、曾鞏，其辭似可謂之達矣，若李覯、樊宗師、黃庭堅之徒則未也，於道則又難言也。（遜志齋集卷十一）

孝孺之所謂道，固然是儒家聖賢之道，而所謂辭達，則取蘇伯衡「染說」一文中的「天工」之論，以爲道明而辭自達，六經、孔、孟合於這一標準，自漢以降，單求辭達的作家，已寥寥無幾，至於知道者更不用談了，他的標準較宋濂、蘇伯衡還要嚴苛。

道旣爲本，因此文辭不必求其新奇，若必欲求新奇，也應求理之新，思慮之奇，譬如孔子大傳、中庸、孟子、太極通書、西銘、程子易傳、朱熹論著，都是作者道明德盛，故能發人所未嘗言之理，非衆人思慮所及，而成就高美的作品。

孝孺旣反對在文辭上求新奇，遂主張理明辭達，他以爲尙書中的二典、三謨、禹貢、胤征以及商周訓誓諸篇、春秋、禮經等，文字平易明切，不尙奇怪，「答王仲縉」四首之三說：

至於盤庚、大誥，其言有不可曉者，乃當時方俗之語，亦非故爲是艱險之文也，然則嗜苛好怪者果何所本哉？苟謂於司馬遷、班固，則遷、固之書有質直無華，如家人女子所言者。唐之文奇者莫如韓愈，而其文皆句妥字適，初不難曉。宋之以文名者，曰歐陽氏、曰蘇氏、曰曾氏、曰王氏，此四人之文，尤三百年之傑然者，而未嘗以奇怪爲高，則夫文之不在乎奇怪也久矣，惟其理明辭達而止耳。（遜志齋集卷十）

說盤庚、大誥文辭難懂，不是故作艱險，而是由於運用當時方言的緣故，確是卓見。史記、漢書不以奇怪爲高，韓、歐、蘇、曾、王也理明辭達，句妥字適。宋濂、方孝孺師徒一脈相承，都尚用惡華，以道爲歸。

文貴工不貴奇，尚達不尚淺易，所以應奇意不奇詞，也就是在文章的內涵上求理新意奇，「贈鄭顯則序」說：

天下之論文者，嗜簡澀則主於奇詭，樂敷暢則主於平易，二者皆非也。文不可以不工而惡乎好奇，文不可以不達而惡乎淺易，淺易以爲達，好奇以爲工，幾何不至於怪且俗哉？善爲文者貴乎奇其意而易其詞，驟而覽之，亹亹覺其易也，徐思而繹之，雖極意工巧者莫加焉，若是者其爲至文乎？聖人之文與後世之詞，純駁工拙多寡不大相遠也，而世人望之若天然，不敢指擬之者，以其不務奇其詞而奇其意，故舉天下好奇者莫及也。（遜志齋集卷十四）

爲文者如誤認淺易爲達，好奇爲工，所作一定既怪且俗。好奇者往往以誕澀文其淺易，這種頹風陋俗，只有以「奇意不奇詞」正之。

好新奇者矯情背實，愈趨愈下，欲救其弊，唯有出之以自然無爲一法了，「答張廷璧」說：

蓋古人之道，雖不專主乎詩，而其發之於言，未嘗不當乎道，是以雅頌之辭烜赫若日月，雄厲若雷霆，變化若鬼神，涵蓄同覆載。誦其詩也，不見其辭，而惟見其理，不知其言之可喜，而惟覺其味之無窮，此其爲奇也，不亦大乎？而作之者非求爲如是之奇也，本之乎禮義之充，養之乎情性之正，風足以昌其言，言足以致其志，如斯而已耳。……故聖賢君子之文發乎自然，成乎無爲，不求工奇而自美，自足達而不肆也，嚴而不拘也，質而不淺也，奧而不晦也，正而不窒也，變而不詭也，辯而理，澹而章，秩乎其有儀，燁乎其不枯，而文之奇至矣，然聖賢君子曷嘗容私於其間哉？盈而流，激而發，不求而自得者也。（遜志齋集卷十一）

爲文作詩能當乎道，本乎禮義，陶養情性，自然會理味兼具，不求工而工，不求奇而奇了。

二、造道深則自得者遠

孝孺謂發乎自然，成乎無爲，不得已而爲言，其文必能明道，譬如伏羲八卦、唐虞三代詩，三百篇、春秋，都是聖賢「道充諸身，行被乎言」的著作。諸子雖未必出於聖人之道，但也各爲闡明其所謂道而作。子游、子夏明聖人之道，離騷也出於憂國愛君之意，不是司馬相如、揚雄之豔辭麗藻所能比擬。秦漢以後，韓愈以載道爲己任，志在復古。

造道若深，自得必遠，「與趙伯欽」二首之一說：

> 知道若行路然，至愈遠則見愈多而言自異。今欲至乎窮谷者，言其所見，不過泉石、樹木、禽鳥、蟲魚之狀而已，比之游乎雄都巨邑者，見宮室之壯麗，車馬之蕃庶，人民物產之瑰異變怪，其言豈不有間乎？故聖賢文辭非有大過於今人，其所以不可及者，造道深而自得者遠，恒言卑論，亦可爲後世法，非剽襲以爲說者之淺也。（遜志齋集卷十一）

孝孺認爲造道有如行路，至愈遠，行愈廣，見愈多，聖賢造道深而自得遠，故所作文章能爲後世取法。

準此而言，三百篇確可宗尊，因爲其用可格神祇，和邦國，「劉氏詩序」說：

> 道之不明，學經者皆失古人之意，而詩爲尤甚。古之詩其爲用雖不同，然本於倫理之正，發於性情之眞，而歸乎禮義之極，三百篇鮮有違乎此者，故其化能使人改德厲行，其效至於格神祇，和邦國，豈特辭語之工，音節之比而已哉？近世之詩大異於古，工興趣者超乎形器之外，其弊至於華而不實；務奇巧者窘乎聲律之中，其弊至於拘而無味。或以簡淡爲高，或以繁豔爲美，要之皆非也。……苟出乎道，有益於敎，而不失其法，則可以爲詩矣。（遜志齋集卷十二）

華而不實，拘於聲律，皆失於道，於世敎無補，故不足以傳世。

有德者其文必傳，所以古之君子，要端正其心，謹其言動，德尊而文自佳，這是先立其大者，本立而末自生。

德旣如此重要，故所行合於德者爲達，不合者爲窮，「題黃東谷詩後」說：

昔人謂詩能窮人，諱窮者因不復學詩。夫困折屈鬱之謂窮，遂志適意之謂達。人之窮有三，而貧賤不與焉。心不通道德之要，謂之心窮；身不循禮義之塗，謂之身窮；口不道聖賢法度之言，謂之口窮。三者有一焉，雖處乎崇臺廣廈，出總將相之權，入享備物之奉，車馬服食非不足以夸耀市井，然口欲言而無辭，心欲樂而有其累，其窮自若也。無三者之患，心無愧而身無尤，當其志得意滿，發而爲言語文章，上之宣倫理政教之原，次之述風俗江山之美，下之探草木蟲魚之情性，狀婦人稚子之歌謠，以豁其胸中之所蘊，沛然而江河流，爛然而日星著。怨思、喜樂、好惡、慕歎無不畢見，造化鬼神且將避之，而何慊慊於區區之富貴者哉？此謂之達可也。（遜志齋集卷十八）

強調窮達和貧賤富貴無關，所言有益於政教風俗，雖貧猶達，反之，雖貴猶窮。可謂宋人陳後山窮達論之進一步發揮（見後山王甫文集後序）。

孝孺與宋濂、蘇伯衡一樣，主張實用的文學觀，但在政教方面更加強調注重。他要「潤澤天下」，使「道術明乎書，風俗成乎身」，旣要經世，明王道，致太平，又要教化社會，造福百姓，他的文學觀是和政治理想分不開的。

為文如不造乎道，而出於智巧，則其文不可能是至工之文，「蘇太史文集序」說：

天下之事出於智巧之所及者，皆其淺者也。寂然無為，沛然無窮，發於智之所不及知，成於巧之所不能為，非幾乎神智，其孰能與於斯乎？故工可學而致也，神非學所能致也，惟心通乎神者能之。（遜志齋集卷十二）

蘇伯衡論文有天工與人工之別，孝孺則分為神與工。伯衡所說的「天工」即等於孝孺所說的「神」，伯衡所說的「人工」即等於孝孺所說的「工」。神出乎自然，不可力學而致，故文章幾於神，必是天下至文。孝孺此文確受到伯衡「染說」的影響。

莊周、李白，放蕩恣肆，默會于神，無所用其智巧，非工於文者所能及。文非至工，不可以為神，但神又非工之所能及。莊子以後，僅蘇軾得其意。合於孝孺「神」的標準，只有莊、李、蘇三人。

莊周之書，以謬悠之說，荒唐之言，無端崖之辭，恣肆不儻，高妙奇特；太白有得於莊子，不屑屑於雕章琢句、鏤心刻骨，眞如天馬行空，不可羈勒；東坡自謂讀莊子而深獲其心，曾說：「為文者非能為之為工，乃不能不為之為工。」（江行唱和集序）所作如行雲流水，文理自然，姿態橫生。三人皆神於文，當然非智巧者所能及了。

三、其他

孝孺的文學批評除上述兩項以外，其他較次要的，在此一併敍述。

㈠建立文統

孝孺曾將中國歷史的傳承分爲正統、附統、變統，而特重正統（註二）；在文化上，他以繼承道統自命；而在文章方面，他也想建立文統。

他強調道德政教，因爲一方面他看到士人以文辭爲極致而不知道德政教，一方面統治者又以法律爲極功而不知仁義道德，結果是士習愈卑，治效愈下，欲救其弊，便應建立文統，也就是讓文章負起道德政教的使命，「答王秀才」說：

故斷自漢以下至宋，取文之關乎道德政教者爲書，謂之文統，使學者習焉。違乎此者，雖工不錄；近乎此者，雖質不遺。庶幾人人得見古人文章之正，不眩惑於佹常可喜之論，袪千載之積蠹，爲六經之羽翼，作仁義之氣，擯浮華之習，以自進於聖人，俾世俗易心改目，以勉其遠且大者。（遜志齋集卷十二）。

可見他取捨的標準不是文章的工拙，藝術價值不在他考量之內，實用性才是最重要的。有關道德政教，移風易俗，羽翼六經，以自進於聖人，是他的最高指標。

歷代文章中，他最尊宋朝，元朝則在擯棄之列，「與趙伯欽二首」之二說：

宋之士以言乎文，固未必盡過乎唐，然其文之所載，三代以來未之有，漢何足以方之？今人多謂宋不及唐，唐不若漢，此自其文而言耳，非所以考道德之會通而揆其實也。僕嘗謂求學術於三代之後，宋爲上，漢次之，唐爲下，近代有愧焉。（遜志齋集卷十一）。

他尊宋賤元，實基於道德學術的原因，宋濂則尊宋而不賤元，兼重其藝術成果，這是師徒不同的地方。

㈡文風與人格

孝孺以爲文風與人格類似，人殊而言異，因爲作者個性、品格、修養、學識、思想不同，風格自然隨之而異，其「張彥輝文集序」一文即以此一觀點爲準，品評先秦以至明初的文人，謂「昔稱文章與政相通，舉其槩而言耳，要而求之，實與其人類。」他不否認時序、政治的影響力，但認爲「文如其人」這一看法更加牢靠，同篇又說：

人之爲文，豈故爲爾不同哉？其形人人殊，聲音笑貌人人殊，其言固不得而強同也，而亦不必一拘乎同也，道明則止耳。（遜志齋集卷十二）

因爲體認到人各有異的道理，所以雖然尚古，但不贊成擬古，道深者文不難而自至，不須勉強，也不能勉強，文之高下原與人之善惡成正比。

㈢文爲志之所寓

孝孺認爲士之立志，在濟世淑民，因不獲施行，故發之於言，決非專事一藝者所能比擬，「成都杜先生草堂碑」說：

荀卿寓於著書，屈原寓於離騷，司馬子長寓於史記。當其抑鬱感慨，無以洩其中，各託於言而寓焉，是以頓挫揮霍，沈醇宏偉，雷電不足喻其奇，風雲不足喻其變，江海不足喻其深，卒之震耀千古，師表無極。……少陵杜先生在唐開元天寶間，懷經濟之具而弗得施，晚更兵亂，益爲時所簡棄，繇是斂所得於古人者，悉於詩乎寓之。其言包綜庶類，凌跨六合，辭高旨遠，兼衆長而挺出，追風雅以爲友，蓋有得乎史記之敍事，離騷之愛君，而憂民閔世之心，又若有合乎成相之所陳者，微意所屬，時以古昔命世聖賢自儗。（遜志齋集卷廿二）

荀子、離騷、史記都寓有作者之才、志與道，而爲後世所取法；老杜詩敍事似史記，愛君似離騷，憂民閔世似成相，所以能高出一代，垂名千古。

㈣詞之美惡關乎流傳

孝孺論文，雖以道爲主，但沒否定文詞的功能。他以爲詞的美惡爲人好惡之所繫，而人的好惡，關乎世之流傳與否。「與樓希仁」說：

文章雖小事，人謂之能言，僕初不知識，及出道，歷吳、楚，至齊、魯，與梁、趙、秦、晉之人交，聞人談論，能言者聲和而音雅，詞切而義明，理約而不亂，端多而不複，聽之使人洒然不倦。不能言者終日口吃吃，不能達意，雜亂滯澀，如醉夢中語，或故以蠻音俚說，嘲哦噢噫，使人意悶不樂。然後悟文之美惡正類此，讀司馬遷史記，終日數卷不倦；及覽褚孝孫日者、龜策等傳，未終紙已欲棄去，文豈易為邪？詞之美惡，人之好惡繫焉；人之好惡，世之傳否繫焉。（遜志齋集卷十一）

由人口才的好壞，而悟到詞的美惡關係到流傳的問題，正是孔子「言之不文，行之不遠」的意思；但他仍以為「能言固難，合於道尤難」，可見還是以道為主，文詞祇是工具而已。

㈤文法本乎理，行乎意，導乎氣

文之法有體裁，有章程，須本乎理，行乎意，導乎氣，「答王仲縉四首」之三說：

氣以貫之，意以命之，理以主之，章程以覈之，體裁以正之。體裁欲其完，不完則端大而末微，始龍而卒蚓，而不足以為文矣；章程欲其嚴，不嚴則前甲而後乙，左鑿而右枘，而不足以為文矣；氣欲其昌，不昌則破碎斷裂而不成章；意欲其貫，不貫則乖離錯糅而繁以亂；理欲其無疵，有疵則氣沮詞慚，雖工而於世無所裨。（遜志齋集卷十）在明道的準則下，爲文要以理爲主，注意命意、氣勢，完其體裁，嚴其章程，如此形式和內容俱佳，不求工而自工，所作就幾於神了。

四、小結

綜上所述，孝孺的文學理論可歸納爲下面幾個要點：

㈠道明則氣昌，氣昌則辭達，文合德則傳。
㈡道本文末，道至則文自佳。
㈢文非至工，則不可以爲神，但神非至工可至。
㈣文有益於世爲達，無益爲窮。
㈤尊宋。
㈥詞之美惡關乎流傳。
㈦文爲志之所寓。
㈧建立文統。
㈨文法須本乎理，行乎意，導乎氣。

叁、評價

方孝孺的文學理論以道爲最高指標，周敦頤、二程、朱熹以外，以宋濂對他影響最大，「道明氣昌」、「氣昌辭達」、「道本文末」、「道醇文昌」、「聖賢之道，以養氣爲本」，「文爲志之所寓」、「文與人類」諸說都取之於師。

孝孺集古文家、道學家、政治家於一身，故論文主於實用，在內容上欲其理明，形式上欲其辭達。

重道之外，又說：「有益於世爲達」、「文合德則傳」，實用、道德都兼顧到了。取漢至宋文關乎道德政教者爲書，謂之文統，是受眞西山、張以寧、宋濂的啓廸，但比他們更重視「先王之政」和「治亂之理」。

孝孺謂道爲氣之君，氣爲文之帥，又主「奇意不奇詞」、「理明辭達」，難怪要以理爲本，以意行之，以氣導之了。

他特重成乎自然，出乎無爲的「神」，確受到蘇伯衡天工說的啓導，「有德者其文必傳」也與伯衡所說的「有德者必有言」相符。

宋、蘇二氏以外，明初與孝孺的文學理論相近的，還有錢宰、張以寧、危素、朱右、謝肅等人。

錢宰之論與孝孺相同者有二：一是道，二是主張廣義的文（註三）。張以寧謂心純而性情正，作詩則純厚近古（註四），和孝孺「文與人類」的說法相同，至於論詩貴悟與神，又主張選文須「義理詞章會於兩得」（註五），更可看出二人之相契了。危素反對多用險語，要理明辭達（註六），和孝孺的反新奇相合。朱右謂「言以理帥，以氣行，可以知心察政」（註七）、「文所以貫三才而顯道」（註八）、「無僞而正」（註九），和孝孺所言若合符節。謝肅「文與道不可分」（註一〇）、「忠義之士必有佳構」（註一一）、「詩文可以勸懲」（註一二）之論，也與孝孺相近。

孝孺以提倡宋學最力聞名於世，爲文也出入北宋蘇軾與南宋陳亮之間。他認爲宋代學術最爲近古（註一三），詩文也合乎道而不遜於古，所謂「前宋文章配兩周，盛時詩律亦無儔，今人未識崑崙派，卻笑黃河是濁流」（遜志齋集卷廿四、談詩五首之二）可見他對宋代是如何的推崇了。

大致來說，孝孺論詩文之道與用，都是儒家之說；論詩文之法，則取道家「自然」、「無爲」、「超乎人工」之神，所以推重莊子、李白、蘇軾的詩文。

孝孺因不屈於成祖而被殺，其集遏而不行，到宣德年間始稍傳播，受其影響者不多，較顯著的有王愼中和茅坤。王愼中主張取古聖賢經傳和宋代大儒之書，「閉門掃几，伏而讀之。」（註一四）；茅坤謂爲文應以六籍爲本，以求聖人之道（註一五）。以外僅取其片言隻語的，就毋庸贅述了。

【附註】

註一　遜志齋集卷十一、答錢羅二秀才。
註二　遜志齋集卷二、釋統上、中。
註三　臨安集自序。
註四　翠屏集卷三、李子明舉詩集序。
註五　翠屏集卷三、經世明道集序。
註六　白雲稿卷首、白雲稿序。
註七　白雲稿卷四、交山文集序。
註八　白雲稿卷三、文統。
註九　白雲稿卷四、西齋和陶詩序。

註一〇　密庵集庚集、雲林方先生吳遊稿序。

註一一　密庵集辛集、雲林先生和陶詩集序。

註一二　密庵集庚集、劉履選詩補注序。

註一三　遜志齋集卷十二、劉樗園先生文集序說：「自宋以後，教化詳明，得先王之意者莫如宋，故宋之學術最爲近古。大儒碩生皆深明乎道德性命之理，遠追孔孟之迹，而與之爲徒，其他以文辭馳於時者，亦皆根據六藝，理精而旨遠，氣盛而說詳，各有所承傳，而不肯妄相沿踵，蓋教化使然也。」

註一四　遵巖集卷十五、再上顧未齋書。

註一五　茅鹿門文集卷六、謝陳五嶽文刻書。

第六章　劉基、朱右和謝肅的文學批評

劉基、朱右和謝肅三人都有明道、言志、時序的觀點，影響力也不小，故在此合為一章。

壹、劉　基

一、生平與詩文風格

劉基字伯溫，青田人，元末進士。明太祖定括蒼，聘至金陵，遂成帝業，封誠意伯，以弘文館學士致仕。性剛嫉惡，被胡惟庸陷害，憂憤而卒，年六十五（西元一三一一——一三七五）正德中追謚文成，有誠意伯文集二十卷，明史卷一百二十八有傳。

基少傳性理，博通經史，知天文，熟兵法，文章閎深肅括，雄邁有奇氣，「郁離子」十八篇，屬寓言體，記物取譬，辭譎義貞，「千里馬」、「魯般」、「靈丘丈人」、「瞽瞶」、

「省敵」等篇是其中的佳作。詩多憂時感憤，格高氣奇之作，明詩別裁說他「獨標高格，時欲追逐杜、韓，故超然獨勝，允爲一代之冠。」（卷一）並非過譽之辭。

穆宗隆慶六年，建安人陳烈重刻「誠意伯文集」，作後序，稱讚他是「明百代文章勛業之宗，儒先理學之統。」可說是定評。

二、文學批評

何鏜「重刻誠意伯劉公文集序」曾說劉基文章有「窮經以明義」、「憂世以抒抱」等特質。伯溫論文，也以實用爲主，謂聖人作經以明道，不遑文辭之美，學者須身體力行。

在實用明道的原則下，他提出「諷諭說」，明初的批評家中，以他最重視風刺的功能，「倡和集序說」：

禹思天下有溺者，由己溺之；稷思天下有飢者，由己飢之；伊尹思天下有一夫之不獲，則心愧恥，若撻於市；是皆以天下爲己憂，而卒遂其志，故見諸行事而不形於言。若其發而爲歌詩，流而爲詠歎，則必其有所沈埋抑挫，鬱不得展，故假是以抒其懷，豈得已哉？是故文王有拘幽之操，孔子有將歸之引，聖人不能免也，故曰：「在心爲志，發言爲詩。」先王採而陳之，以觀民風，達下情，其所繫者不小矣。故祭公謀父賦祈招以感穆王，穆王早寤焉，周室賴以不壞，詩之力也。是故家父之誦，寺人之章，仲尼咸取焉，縱不能救當時之失，而亦可垂戒警於後世，夫豈徒哉？（誠意伯文集卷五）

這篇文章有幾層意思：

㈠詩是仁人志士因理想不能實現而抒懷詠歎之作。

㈡先王採詩，目的在觀民風，達下情。

㈢詩可救當時之失，垂戒警於後世。

可見他的創作動機是自然而不得已的，並且是居於實用的立場，以天下爲己憂。

毛序說「節南山」一詩乃「家父刺幽王也」，近人屈萬里先生也說：「此家父刺大師及尹氏之詩。」

又「巷伯」一詩，毛序也說是刺幽王之作，「寺人傷於讒，故作是詩也。」

二詩都是抒懷言志，冀悟時君之作，功用可說是很大了。

詩既可救當時之失，所以負有風刺的責任，先王也以之驗風俗，察治忽，可惜後世太師職廢，諂諛之徒，以詩取媚權貴，故溢美多而風刺少，至宋朝誹謗之獄興，風雅之道掃地無遺，爲詩者吟風弄月，阿諛取榮，背棄古訓，於詩道大有損害。

劉基強調美刺風戒是三百篇作者的用意，「書紹興府達魯花赤九十子陽德政詩後」說：

故怨而爲碩鼠、北風，思而爲黍苗、甘棠，美而爲淇澳、緇衣，油油然感生于中而形爲言，其謗也不可禁，其歌也不待勸。故嚶嚶之音生于春，而惻惻之音生于秋，政之感人，猶氣之感物也。（誠意伯文集卷七）

毛序說「碩鼠」一詩「刺重斂也」，「北風」則是「刺虐」之作，二詩皆怨國君不修其政。「黍苗」爲刺幽王而作，集傳說：「宣王封申伯於謝，命召穆公往營城邑，故將徒役南行，而行者作此。」至於「甘棠」則「美召伯也」。集傳說：「召伯循行南國，以布文王之政，或舍甘棠之下，其後人思其德，故愛其樹而不忍傷也。」可見「黍苗」抒行者之思，「甘棠」感召伯之德。淇澳、緇衣，毛序說都是「美武公也。」而不論爲怨、爲思、爲美，都足以觀一時一地之政，所以劉基說政之感人，如氣之感物。

劉氏論詩，堅持毛序「上以風化下，下以風刺上，主文而譎諫，言之者無罪，聞之者足以戒」的諷諭說，力辯風刺決非訕上，且爲聖人所稱許（註一），而他本人所作，如「走馬引」、「梁甫吟」、「雜詩」、「古戍」、「贈周宗道六十四韻」、「普濟世遺懷」諸詩，皆寫不平之事，寓風刺之意，充滿了哀愁之思和悲憤之氣。

劉氏所作，大多與世事有關，持論也認爲詩一定受時代背景的影響，「項伯高詩序」說：

予少時讀杜少陵詩，類怪其多憂愁怨抑之氣，而說者謂其遭時之亂，而以其怨恨悲愁，發爲言辭，烏得而和且樂也。然而聞見異情，猶未能盡喩焉。比五六年來，兵戈迭起，民物凋耗，傷心滿目，每一形言，則不自覺其淒愴憤惋，雖亦止而不可，然後知少陵之發于性情，眞不得已，而予之所怪者不異夏蟲之凝冰矣。（誠意伯文集卷五）

言爲心聲，而世有治亂，因此聲有哀樂，而皆出於自然，決不能勉強，老杜遭安史之亂，作三吏、三別，眞所謂不得已而作，故能感人。劉基所論，大抵本於樂記和詩序。

文之盛衰，也繫於時運，因爲文之與詩，體製雖然有異，但造意出辭，規矩繩墨，並無不同，照樣避免不了時代的影響，「蘇平仲文集序」說：

文以理爲主，而氣以攄之，理不明爲虛文，氣不足則理無所駕。文之盛衰實關時之泰否，是故先王以詩觀民風，而知其國之興廢，豈苟然哉？（誠意伯文集卷五）

理爲文章之主，而氣以輔之，由文章的理氣可看出當時的治亂泰否。唐虞三代之文，誠於中而形於言，不矯揉造作，不虛張強聒，所以理明氣昌，其時天下平治。漢初一掃周之文敝而返之於朴，賈疏、董策、韋傳之詩，都妥帖不詭，語不驚人而意自至，理明而氣足以攄之，頗有開國氣象。東漢不改故尙，不失西京舊物。魏晉以至于隋，日趨綺靡，國祚不長。唐代是漢朝以後享國最長久的，所以陳子昂以後有李、杜，韓愈以外又有柳宗元，可說不讓漢朝。宋代有歐、蘇、曾、王，直追漢、唐；周、程、張之徒闡明道理，高者上窺三代，因七帝相承，治化不減漢、唐，可說是天運使然，所以說氣昌而國亦昌。元代劉、許、姚、吳、虞、黃、范、揭詩文都可流傳後世，由其「土宇之最廣」（註二）。明初高文宏辭，尚不多見，是因爲統一未久的緣故。

劉氏以唐虞至明初的詩文爲例，印證時運、理氣與文學密不可分，他較看重唐虞三代、西漢、唐代、宋朝的文章，這看法和宋濂、蘇伯衡、方孝孺一樣。三代以後，特重宋文，說「高者上窺三代，而漢唐若有歉焉」，與孝孺相同。至於推崇元代作家，則與宋、蘇、方三人有別。

時運以外，劉基也提到地理環境的重要性，「若上人文集序」說：

世謂山水之佳，有以助人之才，發人之奇，是故名山勝地，必有文人秀士出乎其間。（誠意伯文集卷七）

這正如宋濂所說的山水清暉有助於啓發性靈（註三），與文心雕龍強調的物色大致相同。

綜上所述，劉基的文學理論可歸納爲幾點：

㈠明道致用。
㈡詩所以抒懷言志，觀民風，垂戒警。
㈢文以理爲主，氣以攄之。

(四)詩文盛衰繫於時運。

(五)名山勝地有助文思。

三、評　價

劉基的文學理論雖不脫儒家傳統的諷諭言志之說，但比起他人更能正視現實，論詩文字多於論文，以風刺爲主，在當時越派的批評家中可說是獨樹一幟，具有振聾發聵的批判作用。

貳、朱　右

一、生平與詩文風格

朱右字伯賢，一作序賢，自號鄒陽子，浙江臨海人，學於陳德永。洪武三年，召修元史，除翰林院編修，遷晉府右長史，卒於官，年六十三（西元一三一四——一三七六），有白雲稿。其生平見曝書亭集，並附明史卷二百八十五文苑趙壎傳中。

四庫提要說朱右爲文「不矯語秦漢，惟以唐宋爲宗，嘗選韓、柳、歐陽、曾、王、三蘇爲八先生文集，八家之目實權輿於此，其格律淵源悉出於是，故所作類多修潔自好，不爲支蔓之詞，亦不爲艱深語，雖謹守規程，罕能變化，未免意言並盡。」其詩則平淡清遠。

二、文學批評

唐宋八大家全體被肯定，始於呂祖謙「古文關鍵」與謝枋得「文章軌範」多錄八家文，但尚未立八家之名，至朱右而有八先生文集，八家之目實始於此，可惜書已不傳，但其文論則頗値一述。

朱氏所說的文是廣義之文，即合天文、地文、人文而言，文之爲用，在於貫三才而顯道，六經則是人文極致，「文統」說：

義、軒之文見諸圖畫，唐、虞稽諸典謨，三代具諸書、詩、禮、春秋，遭秦燔滅，其幸存者猶章章可睹。故易以闡象，其文奧；書道政事，其文雅；詩發性情，其文婉；禮辨等威，其文理；春秋斷以義，其文嚴。然皆言近而指遠，辭約而義周，固千萬世之常理，不可尚矣。（白雲稿卷三）

六經風格、功能各有不同，但都言近指遠，辭約義周，理不可易。其後孔子、子思言醇而至，孟軻言正而辯，左氏多誇，莊周多誕，荀卿多雜，屈、宋多怨，都可說是作者。漢代，賈誼、董仲舒、劉向、揚雄有志於文，且能闡道。司馬遷雄深多奇，班固雅馴，足爲後世準程。魏晉委靡，唐宋六家起而振之（註四），以返於正，其功不小。

朱氏所謂文統，係指經傳、孔、孟、漢文、子、史、唐宋而言，都是載道之文。接著，朱氏謂立言須以理帥，以氣行，「交山文集序」說：

氣與理相會，渾渾乎發乎聲，文深於言者也，故曰言之無文，行而不遠。言其可易乎哉？言者，心之著，非言無以知其中之存者；言者，事之樞，非言無以知其政之尙，言其可誣哉？（白雲稿卷四）

理爲言之主，言無氣不行，理氣相會，則文深於言，而由言可以知心察政，且可看出政治盛衰隆汚，同篇又說：

是故言正以懇，知其忠，見於政也義而固；言祥以和，知其孝，見於政也仁而洽；言清以要，知其靜，於政也無爲而不爭；言大以醇，知其聖，於政也王而治；言深以確，知其彊，於政也覇而不久；言勤而不怨，知其基，於政也興；言思而不懼，知其離，於政也降。

由文章的風格詞氣可了解作者（註五），且能窺知一時一地的政治情況，朱氏之論從孟子的知言和樂記得到啓發。

朱氏論文尊經，論詩也是以三百篇爲準，「羽庭稿序」說：

古詩三百篇以風雅頌爲三經，賦比興爲三緯，其音節體製槪可考也，後之作者固蔑以復加，而後之作者舍是亦無以爲法。自夫王澤下衰，雅頌不繼，王官失職，巡狩不陳，而詩樂之教不行於天下尙矣。東周以還，郢騷之怨慕，揚、馬之浸衍，晉、宋之蕩靡，古意彌失，而音節體製亦與時下，烏在其能復古乎？唐興，以詩文鳴者千餘家，其間足以名後世表而見者，惟李白、杜甫、韓愈而已，詩豈可易言哉？何則？李近於風，杜近於雅，韓雖以文顯，而其詩正大從容，亦彷彿古頌之遺意，以故傳誦後世，而人爭師之。（白雲稿卷四）

朱氏從音節、體製、意旨著眼，認爲東周以後的作品愈趨愈下，直到唐代，李、杜、韓三家近於風雅頌遺意，故能流傳後世。

朱氏尊崇詩經、倡無僞而正的性情說，「西齋和陶詩序」說：

詩者，發乎情也，情則無僞，故莫不適於正焉。古詩三百篇，其間邪正憂喜隱顯雖不同，而溫柔敦厚之教無惑乎後人，聖人刪正之，且曰：「雅頌各得其所。」豈欺我哉？自夫王澤旣息，大雅不作，郢騷之怨慕，長門之幽思，李陵、蘇子卿之離別，曹、劉、鮑、謝之風諭，亦足以傳誦者，各適其情而已爾。陶淵明當晉祚將衰，欲仕則出，一不獲志，則皤然隱去，夫豈有患得失之意與？故其發於言也，淸而不肆，澹而不枯，

後之人雖竭力倣效而不可得，趣不同也。（白雲稿卷四）

情眞則正，三百篇溫柔敦厚，郢騷怨慕，長門幽思，李、蘇離別，曹、劉、鮑、謝風諭，各適其情，陶詩自然無僞，故能傳世，後代效陶和陶者旣乏眞情，又異其趣，縱有東坡才學，也無以得其髣髴。

綜上所述，朱右的文學理論可歸納爲幾點：

㈠文所以貫三才而顯道。
㈡言以理帥，以氣行，由言可知心察政。
㈢經傳、子、史、漢文、唐宋六家是文章正統。
㈣三百篇之後詩家當推李、杜、韓。
㈤詩人應具無僞而正的性情。

三、評　價

朱氏謂文以顯道，與宋濂同（註六）。重理氣，由文以窺作者心志和政治隆汚，近於劉基和方孝孺（註七）。文統之論，同於宋、方師徒，但宋、方不重司馬相如和揚雄，孝孺大鄙薄相如；又宋、方兼取理學五子，朱氏則較無道學氣。李、杜、韓三家合論，係受張戒影響，而宋、方二人對李、杜也很推崇。至於倡無僞而正的性情說，且以之讚陶詩清淡高偉，極有見地。

宋濂爲朱右「白雲稿」作序，說他的文章以經爲本（註八），朱氏論詩固以三百篇爲宗，論文也尊六經，而建立文統。因唐宋六家取則聖人，追配古作，故輯爲一書，又加上蘇洵、蘇轍，遂成八家之目。唐順之「文編」選唐宋文，於八家外無所取，至茅坤編「唐宋八大家文鈔」一百四十卷，八家之名始著，推本溯源，實應歸功於朱氏。

叁、謝　肅

一、生平與詩文風格

謝肅字原功，上虞人。從貢師泰游，學問賅博，與山陰唐肅齊名，時號會稽二肅。洪武中舉明經，授福建按察司僉事，以事下獄死，有密菴集八卷，明史卷二百八十五文苑有傳。

戴良曾說謝肅「五言古則本之魏，歌行則尊李、杜，近體則祖少陵。」（密庵先生稿序）陳田明詩紀事也說他古詩樸健。

謝氏古文，立論閎正，風格雅健，四庫提要評云：「古文詞格律具有法程。」所作小瀟湘記、㮮舍記、夢夢軒記、聽鶴軒記、送朱先生赴京考禮序、書迂樵後，都傳誦一時。

二、文學批評

謝肅的文學理論以教化忠義爲主，強調文章負有教忠教義的任務，這是他較別家突出的地方。

謝氏也主張廣義的文，以爲文章須出於道，「雲林方先生吳遊稿序」說：

堯、舜、文、武、周公之文，禮樂政治皆是也。蓋其道之充乎中，而其發於外者無非文，如天之有氣，則有日月星辰之光耀；如地之有形，則有山川草木之行列；文實道之顯，不可歧而二之也，則子游之所以爲學也。諸子各以所見著書，則不獨文與道二，而道之裂也，已無有純全者。惟董仲舒氏曰：「正其誼不謀其利，明其道不計其功。」揆其行事，不戾斯言，可不謂其文與道一者乎？而韓愈氏曰：「所志於古，不惟其辭之好，好其道焉耳。」是亦知夫道之與文不可二矣，然以實而考之，則其文固未能出於道，況其下者乎？文而一出於道，惟周、程、張、朱數君子耳。（密菴集庚集）

道蘊乎中，文發於外，二者不可相離，聖人文道合一，諸子歧分爲二，董仲舒復歸於道，韓愈知不可分，但自爲文，未出於道，宋代祇有理學五子合於聖人之道。謝氏所言，和宋濂大抵相同，但取徑較狹，可說是道學家的文學理論。

謝氏論歷代文，無甚新義，「送車義初歸京師」仍以道爲準，兼及世運，與宋濂所言，大致相同。

謝氏重視文章的教化作用，謂勸懲與風教是詩、騷的刪校標準，「劉履選詩補校注」說：

詩於周爲極盛，而傳者止三百五篇，下此爲楚人之辭，又下此爲漢魏以降之五言，而詩再變矣。然三百篇則聖人所刪，善惡必備，以示勸懲；楚辭則朱子所校錄，亦其發於性情，關於風教者，不則雖好而弗載。五言則蕭昭明所選，編次無序，而決擇不精，果能合乎聖人、朱子刪校之法乎？不惟不能合夫刪校之法，而諸家之注果能合乎朱子注詩、楚辭之法乎？……作者非一人，人非一時，時不同而辭亦異，故漢魏諸作猶存三百篇流風餘韻，及晉而跋涉玄虛，及宋而耽樂山水，及齊、梁而崇尚綺靡，流連光景。是則詩者不特至五言爲再變，而五言之變抑又三焉。於此可以觀世道之降，而大雅君子未嘗不爲之痛惜而深悲也。（密庵集庚集）

蕭統所選，不合刪詩校騷之法；各家之注，也不合朱子之法；於是失去勸懲風教的功效。其次，謝氏注意到「時不同而辭亦異」，漢魏詩還有三百篇遺意，晉宋齊梁漸流於玄虛綺靡，世道升降，詩也因而發生變化。

謝氏既主教化，故對於忠義之士所作特加推崇，「雲林方先生和陶詩集序」說：

古之君子苟秉忠義之心，雖或不白於當時，而必顯暴於天下後世者，是固公議之定，亦其著述有所於考也。若楚三閭大夫屈原、漢丞相諸葛亮、晉處士陶潛者，非其人乎？……之三君子所遇之時不同，忠義之心則一，而天下後世之所共知者也。……離騷足以見其愛君憂國，雖九死而不悔也；出師表足以見其仗義履正，不得興復舊都不止也；歸去來辭與諸詩賦足以見其不慕世榮，惓惓乎其本朝也。（密菴集辛集）

有德者必有言，屈原、諸葛亮、陶潛三君子志懷忠義，故所作詩文能昭垂後世。謝肅自爲詩文，也多勸善之作，「謁伯夷廟」、「曹娥廟」、「題王昭君」、「題班姬援筆圖」、「送毛子賢侍親序」、「孝女朱娥詩序」、「勸農文」、「柳節婦傳」，都有益世道人心。

忠義之作雖可不朽，但不容模倣，「桂彥良和陶詩集序」以陶潛爲例說：

詩自聖人刪後，有正始風氣，成一家言，其惟靖節乎？蓋靖節乃晉室大臣之後，豪壯廓達，心志事功，遭時易代，遂蕭然遠引，守拙園田。然其賦咏多忠義，所發激烈慷慨，若讀山海經諸篇，有屈大夫遠遊之志；詠荊軻一首，有豫國志吞炭之心，其他未易悉數也。第其尋常措辭雅順，而人不覺焉耳。然後世慕之者衆，或效其體，或次其韻，不失之槁，則失之華；不失之俗，則失之奇；不失之弱，則失之豪。其於似枯而腴，似易而高，似纖而微，即自然之趣，寓無窮之悲者，則求之千百無十一焉，是其詩豈易和哉？（密菴集庚集）

淵明志在事功，但因恥事異朝，氣節學問無由表現，故託之於詩，和之者既無其境，又乏其情，故不能產生佳構。

綜上所述，謝肅的文學理論可歸納爲幾點：

㈠詩文具有勸懲的教化功能。

㈡詩文足以觀詩道升降，但豪傑不囿於時運。

㈢忠義之士必有佳構。

㈣文與道不可分，六經最高，西漢煥然可述，東都日趨靡弱，韓愈起而振之，五代粗鄙，宋代無愧於唐。

三、評　價

謝肅以爲文章功能在於勸懲教化，與宋濂、劉基、方孝孺相同，都是儒家的文學觀。又說忠義之士必有佳作，則肯定了人格和文格的一致性。

「詩文與世推移，作者則不囿於氣運」之說和蘇伯衡一樣（註九），「時不同而辭亦異」不僅指詩文的辭語風格，也包括內涵；「文與道不可分」之論和宋濂、方孝孺相同，所異者謝氏推崇揚雄，濂及孝孺則否。

【附註】

註一　誠意伯文集卷五、王原章詩集序。

註二　誠意伯文集卷五、蘇平仲文集序。

註三　宋文憲公全集卷七、劉兵部詩集序。

註四　參見白雲稿卷三、文統。

註五　白雲稿卷五、謤軒詩集序也有「詩以言志」的看法。

註六　宋文憲公全集三十七、華川書舍記。

註七　見誠意伯文集卷五、蘇平仲文集序，又見遜志齋集卷十一、與舒君。

註八　宋文憲公全集卷二、白雲稿序。

註九　蘇平仲文集卷五、張潞國詩集序。

第七章　貝瓊、胡翰和王褘的文學批評

本章述貝瓊、胡翰和王褘的文學批評，三人都有重道尊經的主張，貝瓊篇幅較多，胡翰有詩論無文論，王褘之說則大致和宋濂相同。

壹、貝　瓊

一、生平和詩文風格

貝瓊字廷琚，一名闕，又字廷臣，崇德人。博覽經史，洪武三年，徵修元史，六年除國子監助教，與張美和、聶鉉齊名，時稱「成均三助」。十一年致仕，翌年卒（西元一三七九），有清江集，明史卷一百三十七有傳。

貝氏雖學詩於楊維楨，但風格頗不相同，維楨縱橫排奡，繁麗奇異，瓊則平衍豐腴，自然高秀而不失溫厚之氣。

二、文學批評

先談貝氏的文論。

貝氏論文，推尊孟子、韓愈、歐陽修，謂三人一脈相承，歐取法韓愈，韓則祖述孟子（註一）。

新唐書韓愈傳說退之原道、原性、師說等數十篇與孟軻、揚雄相表裏，而佐佑六經云。」細讀韓文，確推尊孟氏，不遺餘力，譬如說：「始吾讀孟軻書，然後知孔子之道尊，聖人之道易行，王易王，霸易霸也。以爲孔子之徒沒，尊聖人者，孟氏而已。」（韓昌黎集，文集卷一，讀荀子）又說：「以爲功不在禹下者。」（韓昌黎集，文集卷三，與孟尚書書）足見孟子有衞道佑經之功。

韓琦以爲歐陽修遙承韓愈之志，他說：「自漢司馬遷沒幾千年，而唐韓愈出，愈之後又數百年，而公始繼之。」（歐陽公墓誌銘）蘇軾則謂永叔能闡孟、韓之學，合於聖人之道，序「居士（六一居士）集」說：「其學推韓愈、孟子，以達於孔氏，著禮樂仁義之實，以合於大道。」永叔行事爲文，立身行道，也私淑孟子。

蘇洵曾論孟、韓、歐三家之文，其「上歐陽內翰書」說：「孟子之文，語約而意盡，不爲巉刻斬絕之言，而其鋒不可犯。韓子之文，如長江大河，渾浩流轉，魚黿蛟龍，萬怪惶惑，而抑遏蔽掩，不使自露，而人望其淵然之光，蒼然之色，亦自畏避不敢迫視。執事之文，紆餘委備，往復百折，而條達疏暢，無所間斷，氣盡語極，急言竭論，而容與閒易，無艱難勞苦之態。此三者皆斷然自爲一家之文也。」（嘉祐集卷十一）三人風格雖異，但都自成一家。

觀上所述，可知貝氏之論，前有所本。

孟、韓、歐三家以外，揚雄、柳宗元、曾鞏、王安石、三蘇也各自成家，貝氏爲朱右所選「唐宋六家文衡」作序說：

雷霆之擊非不烈也，海濤之升非不大也，笙竽琴瑟之奏非不和也，皆莫過於人之純，聖人之經又純之至也，故歷千萬世之久，雖善於言者惡能擬而爲之哉？戰國以來，孟軻、揚雄氏發揮大道，以左右六經，然雄之去孟軻，其純已不及矣。降於六朝之浮華，不論也。昌黎韓子倡於唐，而河東柳氏次之。五季之敗腐，不論也。盧陵歐陽子倡於宋，而南豐曾氏、臨川王氏及蜀蘇氏父子次之，蓋韓之奇、柳之峻、歐陽之粹、曾之嚴、王之潔、蘇之博，各有其體，以成一家之言，固有不可至者，亦不可不求其至也。

（清江貝先生文集卷二十八）

六經至純，不可模擬，孟、揚則能闡道佑經，六朝浮華，五代敗腐，唐宋六家各有其體而自成一家。

貝氏謂韓文奇。細察退之為文，確好奇尚異，其「答劉正夫書」說：「夫百物朝夕所見者，人皆不注視也，及睹其異者，則共觀而言之，夫文豈異於是乎？」（韓昌黎集，文集卷三）以為珍異自立，方可傳世。退之為文，詞必己出，務去陳言，以成一家新語，曾國藩曾說：「古人雄奇之文，以昌黎為第一。」眞是知言。

貝氏謂柳文峻，宗元之文確峭峻勁悍，林紓說他「生峭壁立，稜稜然令人生慄。」吳汝綸更推崇他「體勢雄俊，辭理廉悍勁古，宋以來無之。」言下之意似乎是後無來者。

貝氏謂歐文粹，而永叔之文確也道純韻雅，羅大經「鶴林玉露」引楊東山之言說他：「溫醇雅正，藹然為仁者之言，粹然為治世之音。」情韻緜邈，敷腴溫潤是他文章的風格。

貝氏謂曾文嚴，即義法謹嚴的意思，子固文章不僅字字有法度，且根據性理，難怪朱熹評文專以子固為法。

貝氏謂王文潔，所謂潔即簡潔犀利。介甫是政治家，尚用惡華，其「周禮義序」莊重謹嚴，一字不可增損，茅坤評其「書義序」云：「其詞簡，而其法度自典則。」所作極為精鍊。

貝氏謂蘇文博，三蘇之文，上下古今，胸次博大。老泉筆力堅勁，子瞻辭理精確，子由體氣高妙。老泉通六經百家之說，爲文偏於政治軍事方面。子瞻天才學力皆佳，策議、論辯、書札、題跋、小品，都有妙文。子由遍遊名山大川，所作汪洋澹泊，饒有秀氣。

上述各家風格不一，體性各殊，都有過人的地方，學者切忌蹈襲，萬勿以「文衡」自限。六家於道雖有深淺，但都以六經爲本，鏟駁復純，學者由此以進於古，終必有成。

貝氏以「道純」爲準，評歷代文，「潛溪先生宋公文集序」說：

大抵先秦兩漢以來，聖人之經汩於諸子，道固晦而未明也，故各騁異同之語，以夸耀一世，恒病其駁而不純。及宋周、程、朱子大發其閟，是非邪正奚翅黑白之形，而後之立言者，由是求合於道，亦既無弊矣，又惜蓄之無源而徒剽竊陳腐，支離蔓衍之爲工，孰知其去古遠而益抏，不亦悲夫！（清江貝先生文集卷二十八）

周朝道術既裂，諸子騁異同，愈益雜博。宋代理學大興，周敦頤倡「文以載道」，程頤則謂作文害道，朱熹重道輕辭，講義理，主達意，而皆能闡道，可惜後學剽竊支離，去古愈遠。明初只有宋濂通究五經子史，造理精，考事博，故爲文能鏟除陋習。

綜上所述，貝瓊文論可歸納爲幾點：

㈠六經最高，孟、揚發揮大道，六朝五代不足論，唐宋六家本於六經，周、程、朱文能闡道。

以下談貝氏詩論。

㈡孟、韓、歐一脈相承。

貝氏論詩，尊唐卑宋，謂盛唐詩最佳，其時以李、杜爲極致，「乾坤清氣集序」說：

詩盛於唐，尚矣！盛唐之詩稱李太白、杜少陵而止，乾坤清氣常靳於人，二子得所靳而形之詩。瀟湘、洞庭不足喻其廣，龍門、劍閣不足喻其峻，西施、南威不足喻其態，千兵萬馬不足喻其氣，若夜郎、夔州諸篇，天發其藻，神泄其秘，二子亦豈知其詩之至於如此哉？（清江貝先生文集卷一）

李、杜詩波瀾壯闊，雄偉險峻，兼有陽剛、陰柔之美，後代的模仿者雖嗜其味，卻忘其醇和之美，李、杜之不可學而至者，原因在此。

同篇又說：

長慶以降，已不復論。宋詩推蘇、黃，去李、杜爲近，逮宋季而無詩矣，非無詩也，於二子之詩嗜而不知其味，故曰無詩。

貝氏以味論詩，故同篇評「皇元風雅」一書云：「駁而未純。」又勸後學讀金弘所選「乾坤清氣集」時，須法古參今，作品才能「麗而不浮」、「奇而不僻」、「易而不俚」，如此就可言詩之味了。

貝氏之說，實有取於司空圖。司空圖「與李生論詩書」曾說：

愚以爲辨於味而後可以言詩也。江嶺之南，凡足資於適口者，若醯非不酸也，止於酸而已；若鹺非不鹹也，止於鹹而已。中華之人所以充饑遽輟者，知其鹹酸之外，醇美者有所乏耳。……近而不浮，遠而不盡，然後可以言韻外之致耳。儻復以全備爲工，即知味外之旨矣。

貝氏所說的「不浮」、「不俚」和司空圖的味外之味，韻外之致有關，「奇而不僻」則與詩品中的自然、平衍相符，可說是嚴羽以後最得司空圖心傳的。

含蓄有味之外，又重神韻，「馬文璧灌園集序」讚文璧詩婉而不迫，奇而不僻，有唐人風裁，「使其翺翔萬國，覽黃河、太華之勝，大篇短章，又不止於是也。」（清江貝先生文集卷七）又貝氏認爲名山大川對寫作很有助益，「跋胡季誠南征詩後」說：

少陵自入夔州，諸詩若輪扁之斲，有不能傳之妙，山川之助，亦不可誣者。今季誠將杭海踰嶠，度鬼門，歷蒼梧，南之陽朔，益發瑰詭奇絕，詩固不止於是也。」（清江貝先生文集卷三）

遍遊名勝，增長閱歷，是子美老而彌佳的原因，貝氏以此意勉勵季誠。

貝氏雖尊盛唐，但反對模擬，他評元代各家作品，雖以唐詩爲準，李、杜爲則，卻不贊成做假古董，「乾坤清氣集序」說：

有元混一天下，一時鴻生碩士，若劉、楊、虞、范出而鳴國家之盛，而五峰、鐵崖二公繼作，瑰詭奇絕，視有唐爲無愧。或曰：「劉、楊而下善詩矣，豈皆李、杜乎？」則應之曰：「韶濩息而鼓吹作，袞冕棄而南冠出，固有非李、杜而李、杜者也。」（清江貝先生文集卷一）

「固有非李、杜而李、杜者也」，正是勸人作詩要有個性，有自我，有眞性情，不要做假李、杜，以自成一家之意，如此雖非李、杜，而實李、杜，因爲一涉擬古而不能自振，就失卻創造力，又無眞情意，就可能變成假古人了。

貝氏重視自然之音，不欲拘於聲律體製，以失性情之正，「林顯之隴上白雲詩稿序」說：

三經三緯之體已備於三百篇中，然當時自朝廷公卿大夫，以及閭巷匹夫匹婦，因時之治亂，政之得失，蓄於中而洩於外，如天風之振，不能不爲之聲，而不知聲之所出；海濤之涌，不能不爲之文，而不知文之所成。於是叶而歌之，用於閨門，鄉黨、邦國而興起人心，使有勸懲矣。漢魏以降，變而爲五言七言，而變而爲律，則有聲律體製之拘，作者祈強合於古人，雖一辭一句，壯麗奇絕，旣不本於自然，而性情之正亦莫得而見之也。（清江貝先生文集卷二十九）

三百篇成於自然，故能感人，漢魏以後，漸流於模擬，眞詩愈少。詩雖以自然爲貴，但要求工，則非經過思精而不苟作的階段，決無法成功。「鄭本初詩集序」說：

昔宋景公使弓人爲弓，九年乃成，曰：「臣之精盡此弓矣！」公登虎圈之臺，援弓射之，矢踰西霜之山，集于彭城之東，餘力逸勁，猶飲羽于石，此功之倍也。有窮氏與賀吳北游，賀使羿射雀，志其左目，而誤中其右，羿抑首而愧，終身不忘，故善射名天下，此發之巧者。（清江貝先生文集卷七）

作詩如作弓，功倍則射遠而勁，作詩多下功夫則思精，不苟作則巧而神，自能流傳後世。由人工以至於天工，多下功夫和自然之道是不相違背的。

綜上所述，貝瓊詩論可歸納爲幾點：

㈠尊唐卑宋。盛唐以李、杜最爲傑出，中唐以後不足論；宋詩蘇、黃最近李、杜。

㈡主性情，尚自然，重韻味，反模擬。

㈢山川閱歷對創作有裨益。

㈣思精而不苟作，則詩工。

三、文學批評的淵源與影響

貝瓊論詩，尊盛唐，崇李、杜，是前有所本的。殷璠以爲開元聲律風骨始備（註二），是盛唐說的先聲；司空圖也說唐詩到李、杜已是極致（註三）；張戒以杜甫爲第一，李白次之（註四），貝氏則不加軒輊，可謂同中有異；嚴羽以盛唐爲第一義，枕藉李、杜，有如治本經（註五）。諸人之說，貝氏或多或少受到影響。

貝氏既學詩於楊維楨，雖風格不相襲，但持論難免有相同的地方。

貝氏曾推崇維楨鏟元詩之陋，歸於渾厚雄健，成一家言（註六）；而維楨論詩，也主性情，喜李白，反對模擬（註七），鄙薄齊梁、晚唐、季宋（註八），與貝氏相合。

文論方面，貝氏尊經，乃受劉勰、李諤、王通、韓、柳、歐、朱熹等人的影響；鄙薄六朝，蔑棄五代，則有取於韓、柳。韓、歐以外，兼取周、朱、二程，實承襲趙秉文、劉將深的說法；「韓愈承接孟子」之言，柳開、石介已開其端（註九）。

貝氏詩論，「尊唐卑宋」、「長慶以後不足論」兩項多少影響到前後七子；文論有原道、徵聖、宗經的傾向，且謂唐宋六家本諸經爲說，對茅坤有啓廸之功。

貳、胡翰

一、生平與詩文風格

胡翰字仲子，一字仲申，金華人，從吳師道受經，吳萊學古文，又與許謙遊。洪武初起爲衢州府教授，聘修元史，卒年七十五（西元一三〇七——一三八一），有胡仲子集十卷。

胡氏文章與宋濂、王褘相上下，多切世用，爲黃溍，柳貫所稱，衡運論、井牧論、孔氏家廟碑、謝翶傳、胡義士墓表，都可誦可讀。詩僅一卷，多風雅遺音，思沂操、寓翠巖庵是其中較好的作品。

二、文學批評

胡氏認爲詩歌應當反映治政民俗，因文爲言之精，詩又是文之精者，功用很大，從作者本身到一切事物，甚至天地鬼神，包羅萬有，極形容之妙，比興之微，有風雅遺意，以補史官所遺漏者。

胡氏有一篇「古樂府詩類編序」很値得注意，他強調詩所以反映現實，其用猶史。這篇文章很長，可分幾個部份來討論。

胡氏首先談到周衰禮樂崩壞，樂官能紀鏗鏘鼓舞，但不能言其意。其次說及聲詩，是古代樂章，「雅政得失，存乎其詞」，讀者辨其詞則可見其意。詩之用有如史書，但功效雖同，表達方式則異，一則含蓄婉曲，一則直說無隱。

由於時運有別，辭義也因而不同，辨詞見意，可看出時世盛衰，盛世政治良好，百姓安樂，教化大成而風俗淳美，「其言莊以簡，和以平，用而不匱，廣而不宣，直而有曲，體順成而相同，是謂德音。」時世衰頹，各國方言不同，「儉者多嗇，強者多悍，淫亂者忘反，憂深者思蹙。」（以上所引皆見胡仲子集卷四）治世爲德音，亂世爲衰音，雖美刺不同，正變有異，但都受到治政民俗、人情風氣的影響，所以並行不廢。

風、雅、頌各有所用，風可以感鬼神，和上下，美教化，移風俗；雅可以陳於會朝宴享；頌可以用於郊廟朝廷，升歌宗祀。

胡氏又謂郭茂倩樂府詩不僅難以企及國風，且無法反乎雅頌，因爲漢樂府辭質近古，魏辭溫厚而漸趨於文，東晉辭麗，南音多艷曲，北俗雜胡戎，唐則婉麗詳整，盛時宏偉精奇，末則纖巧不振。流弊所及，哇聲俚曲，像秦楚之謳，巴渝之舞，涼伊之技，都有害於教化風俗。

聲詩既爲治亂得失是非邪正之所寓，其用如史，所以不能不予重視，胡氏此序是希望後代樂府有風雅遺意，返之於古。

三、評價

胡翰的文學理論不脫儒家的尚用主義，其說出於樂記和毛詩序。樂記說：「治世之音安以樂，其政和；亂世之音怨以怒，其政乖；亡國之音哀以思，其民困。」毛詩序說：「是故正得失，動天地，感鬼神，莫近於詩。先王以是經夫婦，成孝敬，厚人倫，美教化，移風俗。……至于王道衰，禮義廢，政教失，國異政，家異俗，而變風變雅作矣。」又說：「國史明乎得失之迹，傷人倫以廢，哀刑政之苛，吟咏性情以風其上，達於事變而懷其舊俗者也。」可見胡氏多承襲舊說，少有創見。

叁、王褘

一、生平與詩文風格

王褘（一作禕）字子充，義烏人，師柳貫、黃溍，遂以文章名世。太祖召授江南儒學提舉，後同知南康府事。與宋濂爲總裁，修元史，擢翰林待制。洪武六年，以招諭江南，死節，年五十二（西元一三二一——一三七三）謚忠文，有王忠文公文集，明史卷二百九十九有傳。

太祖曾對宋濂說：「才思之雄，禕不如卿；學問之博，卿不如禕。」（註一〇）而宋濂序「王忠文公集」以爲禕文有三變：初年幅程廣而運化宏，壯年氣象沈雄，四十以後，渾然天成，條理不爽。

二、淵　源

王禕有「文訓」一篇，記其師黃溍談作文之法，足以見其文學理論的淵源，玆簡述如次。

文訓首言天地間有至文，即天文、地文和聖賢瓌人畯士之人文，而文有大體與要理，「執其理則可以折衷乎群言，據其體則可以剸裁乎衆製，然必用之以才，主之以氣」，如此，以言所欲言，就可成爲至文。

其次學文者應以六經爲本，次爲諸子之文，再次爲史，至於典謨、誓誥、制册、令詔則止於用而已，頌銘之文亦有用，科舉文是干祿營寵之具，四六、詞曲弊病很大，皆不足言。

王禕、宋濂都以黃溍爲師，但二人記師授之法則不盡相同，宋氏謂黃溍要他「以經爲本，以史爲波」，王氏則言黃溍謂諸子雖能明道，但各引一端，各據一偏，「未窺道之大全」，又謂史極天下之任，「於道則未也」，顯然把諸子擺在史書之前。同記師訓，竟有這樣大的差異！

三、文學理論

王褘論文，首重理明，而欲理明則須深於學術。聖賢於萬物之理，仁義道德，禮樂制度，治亂是非，都能詳察通達，故理無不通。因要自見，且啓沃他人，遂托於文章，「宋景濂文集序」說：

故程子以謂聖賢之言不得已矣，有是言則時理明，無是言則天下之理闕焉。又謂後之人始執卷則以文爲先，平生所爲多於聖人，然有之無補，無之無闕也。由是論之，所貴文章之有補者，非以其明夫理乎？理之明，不由其學術有素乎？（王忠文公文集卷五）

文章能明理，於世方有補；王氏之言，實得於宋代的理學家。

理明則氣自充而辭自達，因爲理寓於氣，辭以載理。理既如此重要，故文章應以理爲主。「文訓」謂聖賢之文是至文，王氏也認爲聖賢基乎志，成乎學，不得已托文以垂世，故所作必爲至文。詞章之士則恃才與氣，但氣有時而衰，才有時而盡，故其文不傳。

王氏論詩，推尚三百篇，極斥後世之弊，「黃子邕詩集序」說：

三百篇之詩，其作者非一人，並非一時之所作，而其爲言大氐得指事立義，明而易知，引物連類，近而易見，未嘗有艱深矯飾之語，而天道之顯晦，人事之治否，世變之隆汚，物理之盛衰，無不著焉，此詩之體所以爲有繫也。後世之言詩者不知出此，往往惟衒其才藻，而漫衍、華縟、奇詭、浮靡之是尚，較姸蚩工拙於辭語間，而不顧其大體之所繫，江左以來，迄於唐宋，其習皆然，是其爲弊固亦非一日矣！（王忠文公文集卷七）

王氏以實用爲準，詩經語雖平易，但關乎天道、人事、世變、物理，故可尊崇；東晉以後較有藝術價值的詩，因不顧指事立義，引物連類之大體，故被他排擊。他這種論調，和宋濂一般無二。

王氏論詩，注意時代背景，將唐詩分爲始、盛、末三期，盛唐久於治平，故爲雅正之音。各家風格不同，不止由於才性有異，也足以見治化之盛，所以李、杜、元、白，制作各異，韋、柳詩溫麗靖深，固然是才性不同，但可由他們的作品窺知當時的政治情況。

王氏以爲詩道之變非一，「氣運而有升降，而文章與之爲盛衰。」（王忠文公文集卷五、練伯上詩序）時運對作品有很大的影響力，王氏以此爲準，批評從漢朝到宋代的作者，和宋濂「答章秀才論詩書」大致相同。

綜上所述，王褘的文學理論可歸納爲幾點：

㈠作文應以理爲主。

㈡推尚詩經。

㈢文章與時高下，作品風格有異，除因才性不同外，治化也有關係。

㈣秦漢以後，唐詩最盛，凡三變。

四、評價

王褘與宋濂受業於黃溍之門，「理明氣充辭達」、「尊經」、「時序」、「才性」、「自然之至文」諸說大致相似，所異者，王氏之論，體系不如宋氏宏偉周備，且不爲臺閣詩、山林詩分高低。

【附註】

註一　清江貝先生文集卷二十八、潛溪先生宋公文集序。

註二　河嶽英靈集自序。

註　三　與王駕評詩書。

註　四　歲寒堂詩話卷上。

註　五　滄浪詩話詩辯、詩評。

註　六　清江貝先生文集卷十一、鐵崖先生大全集序。

註　七　李仲虞詩序。

註　八　東維子文集卷七、趙氏詩錄序。

註　九　參見本書第三章「宋濂的文學批評」之三。

註一〇　明史卷二百八十九、忠義一。

第八章　錢宰諸人的文學批評

本章所述的文學批評家凡八人，影響力較小，文字也不多，故合爲一章。八家之中，錢宰、徐一夔、凌雲翰、葉子奇、葉砥詩文兼論；合爲一節，張著、烏斯道、瞿佑有詩說而無文論，故另成一節。

壹、錢、徐、凌、二葉的文學批評

一、錢　宰

㈠生平與詩文風格

錢宰字子予，一字伯均，會稽人，元至正間中甲科，時人推爲宿儒。明初徵修禮樂書，洪武六年授國子助教，以博士致仕，卒年九十六（西元一二九九——一三九四），有臨安集六卷，其生平附見明史卷一百三十七趙俶傳。

宰學有原本，四庫提要說他的古文「雖非所擅長，而謹守法度，亦無卑冗之習。」詩則「吐辭清拔，寓意高遠。」

(二)文學批評

錢宰的文學理論可以二字概括：「道」與「中」。

他在「臨安集」自序中認爲道寓於文，而他所謂的文是廣義的，包含天文、地文與人文，人文即指六經而言。

文旣爲道之所寓，則道著於外就是文，天地之大固是文，事物之微也是文，臨安集自序說：

彼鳶也而戾于天，非文乎？彼魚也而躍于淵，非文乎？蹄涔之水而風行焉，丘垤之草而春生焉，營爝之微而光燁焉，蚊蟲之細而聲砰焉，亦皆其文之著也，夫豈謂文之大全乎？先王之世，汙尊抔飮，固禮之始也；蕢桴土鼓，固樂之萌也；彼稗官巷語，芻蕘俚辭，先王不棄焉，亦取其間有合於道耳。

道之所在，即是文之所在，巷語俚辭，因合于道，故不可棄。

道以外，「中」也是錢氏論文的標準。他認爲六經以後，孟子得其宗，荀卿、董仲舒、揚雄、王通、韓愈升堂，臨安集自序又說：

彼楚騷泆蕩怪神過於中，蒙莊繆悠荒唐戾於道，固無暇論，若漢賈生、司馬相如、遷、固之於史，劉更生父子之於經，唐柳河東、宋歐陽盧陵、王臨川、曾南豐、蘇文安、東坡、潁濱皆以文章大家名世，而春陵、河南、橫渠、新安五先生又深造於道焉。後之作者，代非一人，猶不敢與漢唐以來諸名家並稱，而後學乃欲以文名於世，何其不自量耶？

在道與中的標準下，楚辭因荒淫詭異，有悖聖人不語怪力亂神之訓，莊子則洸洋自恣，詆訾聖人，都不合儒家之旨。漢代以後，經史古文，大家輩出，宋代理學獨擅勝場，周敦頤的太極圖說、通書，程頤的易傳、春秋傳，程顥的識仁篇定性書，張載的西銘、理窟、易說，朱熹的四書講義、詩經集註、刪補易經蒙引，都是深造有得之作，足以衞道翼經。後代學者若離經叛道，背於中庸之德，必無法名世。

㈢評價

錢宰所謂道乃自然之道和儒家之道，他說六經之道著於書者爲人文，這是儒家之道；又說風霆日星是天文、海岳河江是地文，則是自然之道。他對於道的詮釋，和劉勰文心雕龍原道篇所言相同。

六經是聖人之文的大全，最可宗尊，其後則孟、荀、漢、唐、宋可取。至於認爲荀子登聖人之堂，是他和越派其他批評家不同的地方。

二、徐一夔

㈠生平與詩文風格

徐一夔字大章，天臺人，曾受教於劉基。洪武二年詔修禮書，出爲杭州教授，有始豐稿十四卷，四庫提要說他文章「皆謹嚴有法度」。

㈡文學批評

徐氏論詩，以性情爲本，貴平易，不喜奇怪，「錢南金詩稿序」說：

橫渠先生有言：三百篇不可尚已。涉漢、魏、晉、宋、齊、梁、陳、隋、唐、宋以及國朝之盛，作者代有其人，大家鉅集具在也。試取而讀之，雖其才力所就，不無等差，觀其緣情指事，寂寥無短章，春容無大篇，有平易而無奇怪，至於雋永，其味則悠永宏闊而反覆無窮，下視近時斥平易爲庸腐，指奇怪爲神俊，號爲一家之體，非神仙鬼魅、金玉錦繡、龍虎鸞鳳、名花官酒、高歌醉舞等語不道者何如也。（始豐稿卷三）

作詩既在緣情指事，故雋永有味即可，能符合這標準的，「作者代有其人」，可見他評詩沒有貴古賤今的觀念，祇要平易而有性情即可。

其次，他要去除陳言，因爲詩是文章之最精者，非去陳言不可，能如此，則氣自清而韻自遠，「韋齋稿序」以東坡守杭時爲例說：

過一僧舍，見短句壁上，愛其瀟灑出塵雋永之久，乃援筆和之，尋自以爲不及，詠歎而止。夫先生以天縱之才，顧豈弗彼之及，譬之豪徒傑侶，張酒高會，羞有八珍，列有九鼎，醉醲飽鮮，不勝厭飫，忽蔗漿茗汁，來至發前，一啜之，適不啻若玄霜絳雪之漱滌腸胃，能不爲之欣快？故有軼倫之才，然至於詩，或不免於貌凡韻俗，而知自厭。（始豐稿卷五）

氣韻清遠，雋永有味，就無凡俗之病，作詩能去陳言，則不俗。

徐氏論文之語很少，曾與王褘言修史之道，以爲應取法春秋（註一）；又爲劉基「郁離子」作序，說伯溫之文，本乎仁義道德，審乎古今成敗得失，如五穀之不可無，決非管、商、申、韓、儀、秦、孫、吳諸子之詭於聖人所可比擬；可見他主張明道、徵聖、宗經。

㈢評　價

徐氏的文學理論本於儒家，「與王待制書」一篇，譽者稱其有鑒裁，但論詩則雜有佛家語意。

三、凌雲翰

(一)生平與詩文風格

凌雲翰字彥翀，錢塘人，學詩於陳衆仲，洪武十四年，以薦舉召授四川成都教授，卒於官。有柘軒集五卷，爲文質樸，詩則「華而不靡，馳騁而不離乎軌。」(明詩綜)

(二)文學理論

越派的批評家，多主道本文末，以實用教化爲主，故不喜華靡，凌氏言詩論文，也以質樸爲高，「白賁說」云：

賁以文人所知也，賁不以文人所未知也，故曰質勝文則野，文勝質則史，可以無文爲賁乎？又曰賁無色也，則無文斯爲賁矣。予嘗泛觀乎山水間，有以得其說；山之爲山，土石而已，及夫春花繡地，夏木成林，其爲文也盛矣，至於華者斂而爲實，木者落而歸根，而山自若也。水之爲水，江海而已，及夫風行微漣，雨翻巨浪，其爲賁也大矣，至於風雨息而不作，水波靜而不興，而水自若也。由是觀之，則向之所以爲文者非賁，惟無文而後爲賁也。前之說易者有曰：賁終反本，復於無色，不使華沒其實，文滅其質也。後之說易者曰：此有道之賢，遺去其紛華，泊然世外，以質爲賁飾者也。(柘

軒集卷四）

這篇文章透露了他重本色自然的文學觀，「惟無文而後爲賁也」，豪華落盡，始見眞淳，以質素爲賁飾，不使華沒其實，文滅其質，方能有本有源，他是一位重道輕文的批評家。

㈢評價

越派批評家除張著、葉子奇注意文章的獨立性外，都不出道學家的看法，凌氏所言，也不出這一範疇。

四、葉子奇

㈠生平與詩文風格

葉子奇字世傑，號靜齋，浙江龍泉人，從王毅游，聞理一分殊之旨，知聖賢之學以靜爲主。以薦授巴陵主簿，洪武十一年，株連就逮獄中，事釋家居，有草木子、靜齋集等書。

葉氏文質樸有理致，詩則清淡幽遠。

㈡文學批評

葉氏文學理論見於其草木子卷四、談藪四條，他重視文章的獨立價值，其一云：

十室之邑，必有數家居貨財，而無數人能文學，何天工輕彼之付而嗇此之施？誠以文章學問廼乾坤之清氣也。世人類曰：德行，本也；文藝，末也。德則是務而文藝是輕，是何世人之矯枉而過直也。蓋文章學問是智德上事，亦德也；行處是仁德上事，亦德也。……唐以詩文取士，三百年中，能文者不啻千餘家，專其美者，獨韓、柳二人而已，柳稍不及，止又一韓；能詩者亦不啻千餘家，專其美者，獨李、杜二人而已，李頗不及，止又一杜。

此則可分兩部份來談：一是尊重文章學問，二是認爲韓高於柳，杜優於李。

就尊重文章學問而言，他說文章學問是智德，行處是仁德，無貴賤輕重之分，猶如葛洪所說的「文章之與德行，猶十尺之與一丈」（註二）。在越派批評家中他是最有創見，不人云亦云，也是最特殊的一位。

就韓高於柳，杜高於李而言，葉子奇沒有說明理由，但認爲唐代工詩能文之士最多，足見他論文學不以實用教化爲準，完全就詩文本身去談。

談藪四條之二云：

傳世之盛，漢以文，晉以字，唐以詩，宋以理學，元之可傳，獨此樂府耳。宋朝文不如漢，字不如晉，詩不如唐，獨理學之明，上接三代。元朝文法漢，歐陽玄、虞集是也；字學晉，趙孟頫、單于樞是也；詩學唐，楊載、虞集是也；道學之行，則許衡、劉因是也；亦皆有所不逮。

葉氏認爲歷代之學，各有擅長，宋代理學上接三代，但「文不如漢」、「詩不如唐」，可見他論文也以內涵和藝術價值爲準，不像宋濂、方孝孺等人總要和道學連在一起；至於說元朝詩、文、字、道學不如前代，唯有樂府可傳，在當時可說是卓見偉識了。

談藪四條之三云：

唐之詞不及宋，宋之詞勝於唐，詩則遠不及也。

說宋詩不如唐詩，宋詞優於唐詞，確能從文學演化變遷的原理著眼，足見他通達而不偏執。

談藪四條之四云：

古人得意句，如王荊公：「青山捫虱座，黃鳥挾書眠。」山谷：「人得交游是風月，天開圖畫即江山。」皆警句也。又山谷嘗云：「杜荀鶴詩、舉世盡從愁裏過，正好對韓退之詩、誰人肯向死前休」。王荊公亦嘗云：「杜甫詩、當面輸心背面笑，可對其結交行、翻手爲雲覆手雨。」又溫公云：「石曼卿對長吉『天若有情天亦老』之句：『月如無恨月長圓』，皆頗中的。

摘句論詩，是葉氏文學批評的特色，舉例以支持自己的觀點，也可增加說服力。

㈢評　價

葉子奇論文學，純從文章本身批評，完全就詩論詩，就文論文，決不和教化、道德、實用混爲一談，且肯定和尊崇文學的價値。「杜優於李」之說取諸元、白（註三），「韓高於柳」則受到柳開、歐陽修、宋祁的影響（註四），「一代有一代之所勝」的看法，顯示他具有歷史的眼光，是一位相當通達的批評家。

五、葉　砥

㈠生平與詩文風格

葉砥字周道，一字履道，號坦齋，上虞人。洪武四年進士，除定襄縣丞；建文帝任爲翰林編修，與修國史，改廣西按察僉事；永樂初，坐修史書靖難事多微詞，被逮，事白，改考功郎中，尋副總裁永樂大典，侍講東宮，卒年八十（西元一三四二——一四二一），有坦齋文集。

㈡文學批評

葉氏論歷代文，認爲上古之書邈不可聞，孔子刪定六經，戰國道術旣裂，諸子並出，漢代文運日昌，司馬遷、班固起而史書作，自漢至唐，詩賦詞翰大興，宋代道學煥然蔚然，賢才輩出（註五）。其說簡要精確，知源流，明始末。

葉氏重人倫實用，推尙詩經，「樹萲堂詩序五月」說：

詩多識鳥獸草木之名，其取喻博而人道備矣。關雎以言夫婦之有別，棠棣以言兄弟之至親，伐木以言朋友之相須，鹿鳴以言君臣之樂，蓼莪以言父母之不終養，皆托物引興，明著其事無疑者。（坦齋文集卷二）

三百篇既可益智，又備父母、兄弟、夫婦、君臣、朋友之大倫，故可推尙。尊經而外，葉氏也崇隆道學，不喜靡麗凡陋的文章（註六）。

㈢評　價

葉砥有關文學理論的文字極少，也沒有特別的見解，在越派中與貝瓊、宋濂、謝肅等人的說法較爲接近。

貳、張著、烏斯道、瞿佑的文學批評

一、張　著

㈠生平與詩文風格

張著字則明，永嘉人，元末遊學至常熟，學者爭師之，舉爲州學訓導，轉淮安路學教授。洪武三年，領鄉薦，任膚施令，升臨江府同知，卒於官。

著少研經史，學問明正，操行淳潔，有永嘉集十二卷。其詩取法唐人，清遠有思致，文則義正詞確。吳訥說他「爲文紆徐曲折，或約或豐，而動合矩度；至其發于聲詩，亦克備衆體。」（永嘉集卷首、永嘉集序）可說是知音。

(二)文學批評

張氏僅有詩論而無文說，他認爲杜甫所以會成爲一代詩宗，有二因：

一是老杜才思雄偉，律詩、歌行無可匹敵，「書陸仲偉編類杜詩」說：

詩自三百篇旣終，降楚漢以迄隋唐，變而爲離騷，爲古詩，爲律，爲歌行，其體制固不同也。然騷與古詩，其辭和婉，猶有吟咏情性之遺音；至律、歌行，則音節肅整雄麗，且即事觸物，變態百出，苟非才思浩瀚峭絕，豈能以馳騁其意而吐蒼老之辭哉？吁！千載之上，舍少陵其誰歟？今觀其帙，粲然珠璧，片言隻字，皆足以爲後世法而人莫之遺也。（永嘉集卷十二）

二是老杜閱歷多，見聞廣，文氣充，「虞山廿詠詩序」說：

老杜詩音節整麗，吐辭蒼老，變態百出，足資取法。

見之廣者助益多，氣之充者語益邁，昔杜子美北遊秦晉，西行巴蜀，南入衡湘，東極吳、越、魯、宋之墟，凡而泰、華之高，滄海、洞庭之大，瞿塘、灩澦三峽之奔激險絕，靡不盡之，故其放為歌詩，往往豪雄蒼老，變態百出，猶然至夔州而句法益高，豈非得之心目既多，而詞氣愈壯也歟？（永嘉集卷十一）

以上所引正是蘇轍稱太史公遍遊名山大川，故為文多奇氣的意思（註七）；至於稱許老杜夔州詩，則略同於黃庭堅（註八）。

㈢評　價

張著尊杜，推為一代詩宗，足為後世取法，純從藝術觀點立論，與宋濂、方孝孺之說不同。

二、烏斯道

㈠生平與詩文風格

烏斯道字繼善，慈谿人。洪武初官石龍知縣，明史文苑附見趙撝傳中，有秋吟稿、春草齋集十卷。

宋濂曾評烏氏文「峻潔如明月珠，起伏如春江濤。」（宋文憲公全集卷十八、題永新縣令烏繼善文集後）四庫提要也說：「詩寄托深遠，吐屬清華，能刬滌元人繁縟之弊；文亦雅令，不爲劍拔弩張之狀，夷猶淡宕，頗近自照。」大致而言，烏氏文章合於宋人平淡之旨趣。

(二)文學批評

烏氏論詩，持實用立場，謂有益世道，則可與天地同其不朽，「乾坤清氣詩序」說：

夫詩有典有則，有興有比，得三百篇之旨也；混淪沖融，慷慨頓挫者，得十九首之風也；窮渣滓，神變化，鏗然金宣而玉奏者，盛唐之體也；加之理膩而思深，脈貫而辭暢，若明珠美玉，無毫髮瑕累者，始可中選擇也。故選詩必如是，己所作又造乎是，然後用心選擇，如衡平鑑明而弗之失也。苟或不爾，寧有不貽笑於賞識之士哉？……蓋以乾之清氣，積而爲日月星辰；坤之清氣，積而爲江河山岳；人生其間，秉得二氣者，發而爲詩。詩之有關於世教者，可與日月星辰，江河山岳爭光輝，同永久，豈小補哉？（春草齋集文目卷三）

無論選詩作詩，都應以詩經、古詩十九首、盛唐爲準，再加上理膩思深，脈貫辭暢，就是上乘之作了。

(三)評　價

烏斯道論詩，以第一義爲準，又重理、思、脈、辭，可說是前後七子的先聲。

三、瞿佑

㈠生平與詩風

瞿佑（一作祐）字宗吉，自號存齋，錢塘人。洪武中以薦歷仁和、臨安、宜陽訓導，升國子助教，遷周府右長史，卒年八十七（西元一三四一——一四二七），有存齋詩集、歸田詩話。

瞿氏作詩，雖中程式而乏旨趣，未足成家。

㈡文學批評

瞿氏詩論見於歸田詩話中。歸田詩話一名存齋詩話，又名滏堂詩話，凡三卷一百二十則，自序說：

平日身有所聞，日有所見，及簡編之所紀載，師友之所談論，……因筆錄其有關於詩道者。

他所記的都是深造有得之語，非泛論者可比。

瞿氏論詩，服膺方回深翫熟觀李、杜、韓、柳、歐、蘇、黃、陳、放翁、石湖諸賢作品，體認變化的主張（註九），可見他唐宋兼收，且不贊成模擬。

瞿氏謂詩之好壞，與長短無關，詩話說：

樂天長恨歌凡一百二十句，讀者不厭其長；元微之行宮詩才四句，讀者不覺其短，文章之妙也。（卷上）

長恨歌、行宮詩雖長短懸殊，但各盡其妙，不可以文字多寡定優劣。

瞿氏重溫柔敦厚，不贊成戲侮，詩話以蘇軾爲例說：

東坡則放曠不羈，出獄和韻即云：「卻對酒盃渾似夢，試拈詩筆已如神。」方以詩得罪，而所言如此。……渡海云：「九死南荒吾不恨，茲遊奇絕冠平生。」方負罪戾，而傲世自得如此，雖曰取快一時，而中含戲侮，不可以爲法也。（卷中）

可知他不以東坡之恃才傲物爲然，和劉基的諷諭說大不相同。

瞿氏以爲李、杜互有優劣，子美知大體，識君臣上下，太白則胸次闊大（註一〇）。至於子美志安社稷，太白也眷愛君國，詩話論太白、崔顥鳳凰臺之優劣說：

蓋顥結句云：「日暮鄉關何處是？烟波江上使人愁！」而太白結句云：「總爲浮雲能蔽日，長安不見使人愁。」愛君憂國之意遠過鄉關之念，善占地步矣！（卷上）

二詩相較，李較崔更愛其君，憂其國。

詩話又讚陳后山「詩格極高」（卷中），可見人倫之外，瞿氏也注重高格。

其他如評王昌齡採蓮詞「用意妙」，劉夢得詩「英邁之氣，老而不衰」，晏殊詩「不用珍寶字，而自然有富貴氣象」，（皆見卷上）都極有見地。

㈢評　價

瞿佑論詩，富儒家色彩，稱讚老杜知大體，太白有愛君憂國之意，反對詩中含戲侮；謂李、杜互有優劣，兼取唐宋，譽後山詩格高，昌齡用意妙，夢得有英邁氣，晏殊自然有富貴氣象，都是通達周到之語。

【附註】

註一　徐一夔「與王行待制書」說：「近世之論史者，以謂莫切於日曆。日曆者，史之根柢也，……其法以事繫日，以日繫月，以月繫時，以時繫年，猶有春秋之遺法，而起居注之設，亦專以甲子起例，蓋記事之法，無踰此也。」

註二　抱朴子尙博篇。

註三　見元稹「唐故檢校工部員外郞墓係銘」，又見白居易「與元九書。」

註四　見柳開「東郊野夫傳」，歐陽修「唐南嶽彌陀和尙碑跋尾」，「唐柳宗元般若碑跋尾」，宋祁「新唐書文藝傳序」。

註五　坦齋文集卷一、送原覃詩序。
註六　坦齋文集卷二、送王俊傑南歸詩序。
註七　欒城集卷二十二、上樞密韓太尉書。
註八　與王觀復書。
註九　歸田詩話卷上。
註一〇　歸田詩話卷上。

第九章　明初越派文學批評的影響和評價

由明初越派十七家的文學批評來看，他們有一些相同的觀點，即廣義而實用的文學觀，爲文作詩要明道、徵聖、宗經、師古、養氣，文章的風格是作者人格的投射與映現，並且受到時代背景的影響，文稱韓、歐，詩推李、杜，詩文以有眞性情而合乎自然之道者爲貴。以下分數節以述其影響，並給予評價。

壹、繼承前人文學理論

明史文苑傳說：「明初文學之士，承元季虞、柳、黃、吳之後，師友講貫，學有本源。」（卷二百八十五）可見明初的文學創作和理論受到元末之士的啓發，如果再沿波討源，振葉尋根，還可發現宋朝對明初越派的文學理論有極大的影響力，甚至唐代上推至先秦也或多或少有其遙啓之功。

從孔子開始，儒家就對文學持廣義的看法，劉勰的文心雕龍仍賦予「文」以極廣的意義（註一），唐宋元的批評家依然如此，宋濂、方孝孺諸人論文多受宋元古文家和理學家的影響，也主張廣義的文。

荀子已主張宗經、辨道，韓愈又提出「非兩漢之書不敢觀」、「欲師古聖賢之意而不師其辭」的創作理論，柳開、石介、宋祁、歐陽修都很推崇韓愈，而永叔之文在北宋時已被推重，至呂祖謙於韓、柳之外，兼取歐、曾、三蘇，元人更是刻意師法歐文，明初越派的批評家在文論方面便承接了這一傳統。

至於唐詩，宋人極為推重，張戒、嚴羽尤尊盛唐，元人也多主唐音，明初越派的批評家接受了這一理念。

貳、批評作品、匡正文風

批評家的職責之一即在批評作品，匡正文風。

明初越派的批評家論前人的詩文，或泛言一代，或單言個人。

宋濂「華川書舍記」以道為準，論六經、先秦諸子、漢朝至宋代詩文（註二）；「答章秀才論詩書」以「師法高，出己意」為準，論漢朝到南宋的詩人（註三）；「戴表元剡溪集序」論宋末辭章之弊（註四）；「唐肅丹崖集序」、「林伯恭詩集序」則論「近世」詩文（註五）。

王褘「練伯上詩序」以氣運爲準，評論漢至宋代的作者（註六）。

方孝孺「張彥輝文集序」以「文與人類」爲準，論先秦至元代的文章（註七）；「與舒君」以「道明辭達」論六經、漢代到宋朝之文（註八）；「蘇太史文集序」以「神」論莊周、李白、蘇軾（註九）；「談詩五首」論李、杜、大曆、趙宋詩（註一〇）。

由上所述，可知越派的批評家多以道明、辭達、理至、師古、教化的實用觀論前人文章，也有以神、妙、時序、地理爲標準的。

在匡正當代文風方面，宋濂和方孝孺最爲盡職。

宋濂批評當時文壇正音寂寥，有誕、弱、俗、粗的毛病（註一一），學者多澗視前古爲無物（註一二），又有倡爲輕儇淺躁的江南體者（註一三），所以要復古明道，以救時弊。

方孝孺鑒於當時文士以辭藻爲極致，其害甚大，所以要建立文統，使學者以關乎道德政教的文章爲範本（註一四），擯浮華之習，羽翼六經。

大致而言，浙派的批評家之所以主張原道、徵聖、宗經、政教、眞性情，乃是爲了挽救當時已綺靡不振、體製乖方、性靈弗暢的文風。

叁、啓導後代文學創作和理論

明初越派的文學批評對後代的文學創作和理論有很大的啓導之功，玆舉其尤者於左：

㈠臺閣體：宋濂、王禕是三楊先聲。

所謂臺閣體，即成祖以後，太平日久，作者遞興，詩文風格沖融演迤，楊士奇、楊榮、楊溥並世當國，歷仁宗、宣宗、英宗三朝，黼黻承平，制誥碑版，多出其手，後來館閣著作，沿爲流派，爲文雍容平正，紆餘逶迤，顯然是模韓範歐。

宋濂、王禕久知制誥，所作醇深雅懿，論文又重臺閣之作，所以說是三楊先聲。

㈡理學家：宋濂、謝肅、方孝孺爲薛瑄、陳獻章前導。

薛瑄重道，以眞情爲主（註一五）；陳獻章主張詩不離人倫日用，應左右六經（註一六）。

宋濂、謝肅、方孝孺皆尊經明道，注重教化，爲明代理學一派權輿。

㈢茶陵派：貝瓊、朱右、宋濂、王禕爲李東陽師徒作典範。

茶陵派以李東陽爲首，邵寶、何孟春屬之。

東陽歷相孝宗、武宗，爲文舂容典雅，詩也駸駸然稱一代之盛，邵寶詩文矩度，都宗法東陽，易而不率，暢而不蕪。

東陽謂詩有具眼和具耳，學聲調須往復諷詠，久自有得（註一七），崇盛唐，主張詩所以「寓彝倫，繫風化」（註一八），表現人的志興；邵寶文師秦漢，尊六經（註一九）；何孟春則六經之外，文止於西漢，詩止於魏（註二〇）。師徒三人的觀點，或多或少受到越派的影響。

㈣前後七子：貝瓊、宋濂、朱右、蘇伯衡、烏斯道開其端。

前後七子文尊秦漢，詩崇盛唐，以李、杜爲極致，主張須先師古而後自成一家，六經高於諸子，凡此種種，都與越派相合。

㈤唐宋派：宋濂、朱右、蘇伯衡、方孝孺爲唐順之、王慎中著一先鞭。

唐宋派的文論以唐順之最具代表性，他要「直攄胸臆」、「涵養畜聚之素」（註二一），作文須有個性，又認爲文章受到時代的影響。王愼中文字規矩「一不敢背於古，而卒歸於其自言」（註二二），以爲「人材美惡，風俗盛衰」，係於文，西漢以後，文「莫盛於有宋慶曆、嘉祐」之間，極斥司馬相如和揚雄（註二三）。二人皆取資於越派，尤其是王愼中更明顯地襲取了宋濂和方孝孺的說法。

㈥明末：孫鑛、艾南英、黃淳耀、顧炎武都受到越派的影響。

明末批評家孫鑛曾說文之作法盡於經，萬古文章，無過周代（註二四）；艾南英以爲明朝文章之盛，「莫盛於太祖朝」，論文則六經以降推秦漢，尊史遷、韓、歐（註二五）；黃淳耀主張性理、事功、文章合一（註二六）；顧炎武則欲尊經、明道、紀政（註二七）。綜觀四家所言，可知越派文學理論的影響及於明末。

肆、越派文學觀的評價

大致而言，越派以儒家的文學觀爲主，受到宋元理學一派文學批評的影響。

越派論文的篇幅多於論詩，文論的實用味道較濃，大部份是原則性的揭示和討論，很少注意到創作技巧等細故末節。此派的批評家幾全爲學者，多受程朱理學薰陶，部份在政治上位居要津，影響力很大。

宋濂、方孝孺師徒都主復古明道，所不同的是宋氏邃於史學，故對於詩文的源流本末較爲注意；方氏兼以政治家的立場論說，故更注意道德政教。

宋濂論詩雖主張「由祖仁義」，但不像謝肅的「忠義教化」那樣富於強烈的勸懲作用。王禕、胡翰之說和宋濂在近似之間，所異者，王氏理論不如宋氏博大周密，宋氏認爲臺閣體優於山林體，王氏則不加軒輊；胡氏之論，較王氏又更見狹窄。

貝瓊談詩論文均尊唐代，朱右詩尊唐，文則唐宋兼收並蓄。貝氏認爲元詩無愧於唐，葉子奇則謂元代詩文不如前朝。貝氏所言，是對先朝一種尊敬而不客觀的評價，葉氏則純從文學的立場立論。

蘇伯衡的天工說雜有道家色彩，對方孝孺產生了一些影響，特別重視批評家的功能。劉基的諷諭說比起當時各家溫柔敦厚的詩觀，較具正視現實的意義。葉子奇、張著在越派中最無道學氣，又能注重文章的獨立性，錢宰、葉砥、瞿佑、凌雲翰、烏斯道的論點則無甚特色。

總而言之，明初越派的文學批評，上承宋元，下啓整個明代，除了公安、竟陵二派，全明各派理論都受其影響。越派以一地一派而領袖全國，成爲當時文壇的代表，可說是傳統、時運、地緣加上人文薈萃產生的一種結果。

【附註】

註 一 文心雕龍原道篇說：「夫玄黃色雜，方圓體分，日月疊璧，以垂麗天山之象；山川煥綺，以鋪理地之形此蓋道之文也，……惟人參之，性靈所鍾，是謂三才，……傍及萬品，動植皆文。」

註 二 宋文憲公全集卷三十七。

註 三 宋文憲公全集卷三十七。

註　四　宋文憲公全集卷一。
註　五　分見宋文憲公全集卷二、卷十六。
註　六　王忠文公文集卷五。
註　七　遜志齋集卷十二。
註　八　遜志齋集卷十一。
註　九　遜志齋集卷十二。
註一〇　遜志齋集卷二十四。
註一一　宋文憲公全集卷二、胡山立清嘯後稿序。
註一二　宋文憲公全集卷三十七、答章秀才論詩書。
註一三　宋文憲公全集卷四十六、許存禮楞散雜言序。
註一四　遜志齋集卷十二、答王秀才。
註一五　薛文清集、讀書錄卷四、詩評。
註一六　白沙集卷一、夕惕齋詩集後序。
註一七　懷麓堂詩話。
註一八　送伍廣州詩序。

註一九　浦瑾容春堂前集序。
註二〇　餘多敘錄卷五十、論詩文。
註二一　荊州集卷七、答茅鹿門書。
註二二　遵巖集卷十七、與江午坡書。
註二三　遵巖集卷二三、曾南豐文粹序。
註二四　孫月峰集卷九、與李于田論文書。
註二五　天傭子集卷四、重刻羅文肅公集序。
註二六　陶庵集卷四、上房師王登水先生書說：「應求義理於六藝，求事跡於二十一史，求萬物之情狀於騷賦詩歌，求載道之器於漢唐宋數十家之文章。
註二七　亭林文集卷四、與人書三說：「故凡文之不關於六經之指，當世之務者，一切不爲。」又日知錄卷十九、「文須有益於天下」條說：「文之不可絕於天地間者，曰明道也，紀政事也，察民隱也，樂道人之善也。」

第十章 結 論

明初越派的文學批評家在時空的雙重影響下，一方面繼承了以儒家傳統爲主的實用論，一方面有鑒於宋末以來的師心自用之弊，因而以師古說救之。這些批評家學養甚佳，貝瓊、宋濂、朱右、王禕、胡翰諸人曾與修元史，葉砥也在建文時修國史，瞭然於時勢變通之道，知源流，識本末，雖師古而反對擬古，既主自然之音，又欲自成一家。可惜後來主張師古的人沒注意到「文與人類」的道理，忽視個性對創作的影響，忘了自然的可貴。

浙派的師古說，掃除了元末纖弱浮靡的習氣，而呈現一種雍容典雅，昌明博大的風格，後來的臺閣體和前後七子卻流於冗沓和膚廓，「學我者死」，宋濂、蘇伯衡、方孝孺諸人原不贊成模擬，後人卻誤認師古爲擬古，而失去了原創力！

越派的批評家在道本文末的準則下，沒有擬古者雕章琢句、謹守格律的毛病，但相對的否定了文章藝術的獨立價值（註一）。

越派的詩論雖也以實用說爲主，但比起文論，則較能注意韻味、風神、命意、句法、脈理、氣格。越派的文論在明初足以主導代表整個批評界，詩論則閩派、吳派、江右派均有其重要的影響力，特別是吳派的高啓和閩派的高棅，所以越派在詩論方面並不具有壓倒性的聲勢。

通常批評家的理論與其實際創作未必相符，甚至差距很大，而明初越派各家理論與創作卻大體一致。

越派各家理論並無各主一端而流於偏頗的情形，在「大同」的狀況下，雖有小異，但各家之間從無互相攻訐傾軋的事情。

本書研究的結果有六，第一、確認傳統、時代、地理、學派、政治、選舉制度、文學思潮對明初越派文學批評有重大的影響。第二、闡述蘇伯衡對文學批評的貢獻和對方孝孺的影響，以補中國文學批評史之不足。第三、知宋濂爲挽救當時文壇的危機，故主張復古明道之說。第四、比較宋濂、蘇伯衡、方孝孺三家的同異，以見其同中有異，異中有同。第五、貝瓊、劉基、朱右也是不可忽視的批評家。第六、明初越派的文學批評，不僅左右了當時的文壇，且幾乎影響整個明代。

【附註】

註一 越派的批評家中只有葉子奇承認文章的獨立性，張著論詩能從藝術觀點着眼。

註二 朱右所謂文統係指經傳、孔、孟、子、史、漢文、唐宋六家而言，方孝孺則取自漢至宋有關道德政教者為書，謂之文統，朱氏取徑較方氏寬廣。

附錄一 明初越派文學批評家籍貫表

錢塘 瞿 佑、凌雲翰

會稽 錢 宰

崇德 貝 瓊

慈谿 烏斯道

臨海 朱 右

上虞 謝 肅、葉 砥

天臺 徐一夔

寧海 方孝孺

金華 胡 翰、蘇伯衡

義烏 王 褘

浦江 宋 濂

永嘉 張 著

青田 劉 基

龍泉 葉子奇

明初越派文學批評家生卒年表

貝瓊　生於元延祐年間，卒於明洪武十二年（西元？—一三七九）

錢宰　生於元大德三年，卒於明洪武二十七年（西元一二九九—一三九四）

胡翰　生於元大德十一年，卒於明洪武十四年（西元一三〇七—一三八一）

宋濂　生於元至大三年，卒於明洪武十四年（西元一三一〇—一三八一）

劉基　生於元至大四年，卒於明洪武八年（西元一三一一—一三七五）

朱右　生於元延祐元年，卒於明洪武九年（西元一三一四—一三七六）

王禕　生於元至治二年，卒於明洪武六年（西元一三二二—一三七三）

蘇伯衡　約西元一三六〇年前後在世。

謝肅　約西元一三七五年前後在世。

徐一夔　約西元一三六一年前後在世。

張　著　生卒年代不詳。
烏斯道　約西元一三六七年前後在世。
葉子奇　生卒年代不詳。
凌雲翰　約西元一三七二年前後在世。
瞿　佑　生於元至正元年，卒於明宣德二年（西元一三四一—一四二七）
葉　砥　生於元至正二年，卒於明永樂十九年（西元一三四二—一四二一）
方孝孺　生於元至正十七年，卒於明建文四年（西元一三五七—一四〇二）

附錄三

明初越派文學批評家詩文集版本述

凡例

一、本文所述以臺灣現有公藏之明代刊本爲限，並以集部作品爲主。明初越派文學批評家凡十有七人，其中朱右、徐一夔、錢宰、凌雲翰、葉砥、張著等人明刊本今則未見，是以不論，故可述者僅十一人，其中葉子奇草木子一書屬子部雜家類，附述於後。

一、版本以各公藏善本書目所載爲主，但凡經別裁而入叢書之單卷本，如隆慶刊盛明百家詩之一：宋學士集一卷；或後人以集中部分作品別選而出加以評點賞析者，如明刊李卓吾評選方正學文集十一卷附錄一卷，雖皆善本，亦均不錄。

一、各版本附於作者之下，依刊行年代之先後敍述，但修補版仍隨原刻介紹。至於作者次序，則依國立中央圖書館善本書目所列爲準。

一、各版本均以眼見爲準，故於各公藏書目著錄有誤者，均自行訂訛補闕，避免以訛傳訛；

唯版本缺乏，不足以比對求證者，疑處仍舊存疑。又凡有刊刻時代更早之版本，今雖未見，如有明顯淵源，亦藉各集中之序跋直接引述或略作說明。

一、本版本述著重於行款、版式，以助識者鑑定；至於刊選者、刊刻緣起、沿襲及流傳情形、乃至刊本卷數、內容，各序跋題識多有說明，故不避重複引述，亦兼藏書志著錄重要序跋以存其眞之意。

一、宋濂

甲、宋學士文粹十卷補遺一卷　明宋濂撰　劉基選

明洪武十年刊本

國立中央圖書館藏有兩部文粹，一著錄爲洪武八年刊鈔補本，一著錄爲洪武十年刊本，皆四冊。鈔補本中有宋氏門人鄭濟跋，云：

右翰林學士承旨潛溪先生文粹一十卷，劉公伯溫丈之所選定者也。濟及弟洧約同門之士劉剛、林靜、樓璉、方孝孺相與繕寫成書，用紙一百五十四番，以字計之，一十二萬二千有奇，於是命刊工十人鋟梓以傳，自今年夏五月十七日起手，至七月九日畢工，凡歷五十二日云。

年，而無八年刊行之記載，可見此一鈔補本亦應是十年刊本。但此二部之行款、版式卻又不同，據莫棠跋鈔補本云：「間明中葉，有重刻文粹者，非復舊觀，余未嘗見也」，而丁丙善本書室所藏有洪武十年刊本殘卷，行款是每葉三十二行，行二十七字，恰與鈔補本格式同，至於中圖所藏另一部的行款是每葉二十六行，行二十五字，可能就是莫棠所謂未嘗見之嘉靖重刊本，而非洪武十年本，不過實情仍有待後考。

鈔補本版框一八、八公分，寬一二、九公分，每半葉十六行，行二十七字；上下單欄，左右雙欄，欄線整齊而分明。小黑口，版心刻「宋學士文粹」及卷數、葉碼。

刊本前附選編者劉基的宋學士文粹序，撰於洪武八年，序云：

先生之著作多至百餘卷，雖入梓者已久，其門人劉剛復請基擷其精深，別成一編。……

……文粹共十卷，而詩居其一云。

文粹文九卷、詩一卷、補遺又一卷，正文卷十終處有門人鄭濟跋，云：

先生平生著述頗多，其已刻行者，潛溪集四十卷、羅山集五卷、龍門子三卷，其未刻者翰苑集四十卷，歸田以來所著芝園集尚未分卷。在禁林時見諸辭翰多係大製作，竊意劉丈選之或有所遺，尚俟來者續編以附其後。

故目錄中於補遺別有小字註明：「餘俟別選增入」。

此帙缺卷六至卷十，由手抄補足，補遺亦然。後有近人莫棠、胡嗣芬、葉德輝等人手跋，莫棠跋之一云：

宋學士文粹十卷，劉基編，洪武刊本，六至十影寫；續文粹十卷、附錄一卷，樓璉編，建文刊本。兩書均明史藝文志著錄。

此刊本余得之四十年，亂來粤裝之書山廬之藏散佚過半，而僅存者此其一也。其本雖明初編刊，以革除故，中有方正學諸名氏，故傳世絕鮮，明代已然；以錢牧齋之博涉，但云於丙戌於內殿見之，則在入國朝之後；天祿琳瑯書目不載，是內本亦未必存。乾嘉以來惟一見於昭文張氏愛精廬藏書志，即此本也，繼歸汪閬源家。……壬戌閏月獨山莫棠識於銅井文房。

胡嗣芬跋大意與莫棠相近，略述此刊本之難得與遞藏情形。

葉德輝宋學士文粹跋則云：

……此爲劉誠意所選錄者，都十一卷，文九卷，詩一卷，補遺一卷，洪武八年刻本（註一），每半葉十六行，行二十七字，小楷書，有顏柳體，想見明初刻書猶有天水遺式。六卷以下抄配，從原刻影摹，亦極精工，各卷均有汪士鐘藝芸精舍、潘介繁桐西書屋印記，其抄配之卷印記亦同，知抄配亦甚早矣。……壬戌上元南陽葉德輝跋并書。

以上是鈔補本的情形，至於另一部文粹的情形如下：板框高二〇・五公分，寬十三公分，每半葉十三行，行二十五字，文武邊欄，細黑口，版心間刻有「宋學士文粹」、卷數，間有刻工姓名。其他內容皆同鈔補本，唯序跋未附，但有近人鷗庵氏手書之題記。

乙、宋學士續文粹十卷附錄一卷　明宋濂撰　方孝孺等選

明建文辛巳（三年）浦陽鄭氏義門書塾刊本

國立中央圖書館藏有一部，四册，板框高一九・六公分，寬一二・五公分；每半葉十二行，行二十五字；文武邊欄，細黑口，魚尾下刻「宋學士續文粹」，並有卷數、頁數。

此帙前有編選者宋氏門人樓璉的「翰林承旨宋公續文粹序」，撰於建文辛巳（三年），序云：

公昔無恙時嘗擇舊文以爲「文粹」以傳矣，因復與同門友浦陽鄭楷叔度等取自仕國朝以來所作，復選錄爲十卷，名曰「續文粹」以傳于學者。

卷十末亦有門人鄭柏之跋云：

洪武庚申（十三年）潛溪先生宋公有西蜀之行，手持所著文集未刊行者翰苑集、芝園集各四十卷以授柏曰：付子斯文，其謹藏之。柏乃與兄楷約同門友某□選其精要者，得文一百三十三篇，詩賦三十首，繕寫爲「續文粹」七十卷，今請於家長英齋伯父命

印工應孟信等刊於義門書塾以廣其傳。起手於辛巳年春閏月二十一日，畢工於秋七月二十日，凡歷一百一十六日云。

清林佶及近人莫棠、葉德輝均嘗因此書作跋，林跋最早：

宋文憲公景濂所著潛溪前後集皆刻於元至正間，其入明後作文粹，爲劉誠意所選定，續文粹爲其門人方正學輩所選定，而續文粹尤貴於世者，則以正學與同門劉剛、林靜、樓璉手自繕寫而刊於浦江鄭氏義門書塾也。

案由文粹鄭濟跋所云，知由諸門人手自繕寫者固不專屬續文粹一書，可能林佶並未見過文粹刊本。不過此帙亦缺一方孝孺序，方序與前舉之樓璉序幾乎完全雷同。

莫棠跋云：

是書據末鄭柏跋：刊於辛巳，實建文三年，又明年癸未即革除，此本但署甲子而不紀元，更有永樂壬辰改革誌、鄭楷撰，此必其時取摹印，年號及正學名氏皆楷改削者也柏跋字迹亦與全書不類，自出補刻。……案鄭柏跋則云與兄楷約同門友某□選其精要者，空白自是削去正學名氏。……

葉氏之宋學士續文粹跋云：

原刻于建文辛巳，半葉十二行，行二十五字。書體近趙松雪，與前文粹各擅所長，而此本已印在革除以後，於方正學名已刪去，其涉方氏文字亦從刪除。……蓋塗乙氏名者（註二）猶初印本，此則刪刻，印在後矣。……壬戌上元日南陽葉德輝跋幷書。

丙、潛溪先生集十八卷附錄一卷　明宋濂撰　黃溥選編

明天順元年弋陽黃氏蜀中刊本配補鈔本

國立中央圖書館藏有一部，十四册，其卷之十七、八及附錄皆以手抄配補。刊本每半葉十一行，行二十五字，四邊單欄，黑口，雙魚尾間刻「潛溪集」，並有卷數及頁數。卷內題目次行刻：「後學弋陽黃溥澄濟選編、後學古相羅綺尚絅校正」。

關於此編，選編者黃溥（字澄濟）有「題潛溪先生集後」，云：

潛溪集一十八卷，……其著述之盛有曰文粹，有曰朝京藁，曰蘿山吟藁；文曰潛溪內外集者，……惜其皆出于一時門人所集錄，編目雖繁，而纂集無次，章篇雖富，而體製不分，兼之久歷年所而板刻字畫脫落者多，……歲景泰甲戌（五年）幸叨宦蜀，憲臺詢知先生舊謫居成都，間爲討訪之。而其曾孫覽盡出其家所藏遺藁，披閱之餘，遂與仁壽訓導黃明善考論而纂集之，復請鎭節松維秋官侍郎羅三復讎校，正其差訛，汰其重復，凡詩詞曲論說議辨書表記序傳贊碑記箴銘題跋雜著表狀，各以類歸，若所述無補於人倫，無關於世教者，雖工亦刊去之，以從簡約，總得三百三十四首，而先生

之碑傳誥命諸作，亦附卷後，……其集曰潛溪先生集。

此帙有金華王禕宋潛溪先生文集序，在正文前有宸翰一卷及目錄。嘉靖癸卯傅應祥刊本乃據此刊重刻。

丁、宋學士文集七十五卷　明宋濂撰

明正德九年漕運總督張縉刊本

國立中央圖書館藏有一部，十册，板框高二〇・二公分，寬一四・八公分；每半葉十四行，行二十三字。上下單欄，左右雙欄，花口，小題刻在魚尾之上，大題則刻在魚尾之下，並有卷數、葉碼。

此帙卷終附有張縉所識「新刊太史宋公文集後序」，序云：

其集久且漸湮，雖有潛溪前集、後集、文粹出於鄭氏所輯，及蜀本、衢本、外國本，皆略而未完。近時杭本八帙頗多，而爲人率妄去取，猶未刻也。初公存日，手定八編，凡若干首，以細眼方格命子璲繕錄精整，首簡猶公手筆，其本亦歸鄭氏。久之，流入錢唐，予購之，愛重襲藏，行輒與俱，茲來總漕于淮，因命按本翻錄入刻，稍展而大之，爲若干帙。

按張氏序所謂蜀本，即天順元年弋陽黃溥所編選的蜀刊本：潛溪先生集十八卷附錄一卷；杭本似指天順五年浙藩左參政莆田黃譽所刻宋學士文集二十六卷附錄一卷而言；至於衢本、外國本，胡宗楙金華經籍志則云：「明正德時已罕覯，各書目亦未載。」要之，諸集皆非全本也。

是集前有楊維楨翰林集序（洪武庚戌）、豫章揭汯序、清江貝瓊序，後有太原張縉新刊太史宋公文集後序，題於正德九年，即此集刊刻之年。

集中分爲八編，所收皆景濂入明以後之著作，其潛溪集乃在元時作，均不收於此本中，茲揭其目錄與正文首行列之如下：

1. 宋學士文集目錄　翰苑前集目錄（卷一～十）
宋學士文集卷之一（～十）　鑾坡集卷第一（～十）　即翰苑前集
2. 宋學士文集目錄　鑾坡集目錄（卷一～十）
宋學士文集卷之十一（～二十）　鑾坡集卷第一（～十）　即翰苑後集。
3. 宋學士文集目錄　翰苑續集目錄（卷一～十）
宋學士文集卷之二十一（～三十）　翰苑續集卷第一（～十）
4. 宋學士文集目錄　翰苑別集目錄（卷一～十）
宋學士文集卷之三十一（～四十）　翰苑別集卷第一（～十）
5. 宋學士文集目錄　芝園前集目錄（卷一～十）

宋學士文集卷第四十一（～五十）　芝園集卷第一（～十）

6. 宋學士文集目錄　芝園後集目錄（卷一～十）

宋學士文集卷第五十一（～六十）　芝園後集第一（～十）

7. 宋學士文集目錄　芝園續集目錄（卷一～十）

宋學士文集卷第六十一（～七十）　芝園續集第一（～十）

8. 宋學士文集目錄　朝京藁目錄（卷一～五）

宋學士文集卷第七十一（～七十五）　朝京藁卷第一（～五）

以上所列皆大題在上，小題在下，與版心所刻相反。

此刻在萬曆四十年有修補版，史語所即藏有一部修補本，卷末附有劉祐「重修學士文集跋」，跋云：

宋公舊刻於郡齋，歲久漫缺，欲事重刊，顧緣時詘未能也，因爲補修，俾無病觀者，庶永其傳焉。

萬曆修補版除多此跋，及修補部分字體略有改變外，其餘皆同正德原本。但史語所所藏者爲殘本，缺第五卷，以手抄補。

戊、潛溪集八卷　明宋濂撰

明嘉靖丙申（十五年）海陵徐嵩重刊本

國立中央圖書館與故宮各藏一部，皆四册。刊本板框高一八·九公分，寬十四·三公分。每半頁十行，行二十字。四周皆單欄，白口，卷內題目下題「金華宋濂著」。

中圖藏本前附陳旅、王禕、歐陽玄等序，次有胡助宋氏世譜記、鄭濤潛溪先生小傳，又附像贊。八卷正文以金石絲竹匏土革木分別而標於版心，正文之後有五首附錄，另有宋氏門人浦陽鄭渙於至正十六年所撰的跋：

潛溪集一編總六萬有餘字，皆金華宋先生所著之文也，先生自以爲辭章乃無用空言，凡所酬應鮮存，其藁出於渙兄仲舒所編者僅若是，仲父都事公取以鋟梓，渙謹以先生近作益之，後用故國子監丞陳公晉所爲序冠于篇端，其文多係雜著，弗復分類，詩賦別見蘿山藁，不在集中。群公所述記傳贊辭及尺牘之屬，有繫於先生者，摘爲二卷，附於其末。

此帙徐嵩序雖未見，但由以上可知此版當是據元版而重刻。

己、潛溪先生集十八卷附錄一卷　明宋濂撰

明嘉靖癸卯（二十二年）成都知府傅應祥刊本

國立中央圖書館藏有一部，十二册。板框高二一·六公分，寬一五·一公分；每半葉十

行，行二十一字。四邊單欄，白口，版心刻「潛溪集」、卷數及葉數。卷內題目次行所刻，如天順元年之蜀刊本，事實上此刊除版式、行款與天順本不同，其餘皆沿天順本而刻，只有宸翰部分挪到十八卷以後和附錄合成一卷，所收之序亦同，唯多嘉靖癸卯（二十二年）上虞謝瑜等人的重刻潛溪序，序云：

其文之美，天下共愛之，共傳之，故其鏤版易磨，成都傅子應祥謀重梓之，請序於予。

按成都爲蜀地，故此刊與天順刊本均可視爲蜀刊系統。

庚、新刊宋學士全集三十三卷　明宋濂撰

明嘉靖三十年浦江知縣韓叔陽刊本

國立中央圖書館藏有三部，各三十二册、三十六册、十四册，史語所亦藏有一部。

刊本板框高二〇・二公分，寬十四・三公分。每半葉十一行，行二十四字。上下單欄，左右雙欄，花口：題「宋學士全集」，並有卷數，版心下有葉碼，間記字數。

刊本首載豐城雷禮於嘉靖三十年所作之新刊宋學士全集序，又有陳元珂序，及新刊宋學士全集凡例。關於此集，凡例所述甚詳，玆抄錄如下：

1.宋文舊有朝京藳、有潛溪集、有翰苑集、有鑾坡集、有芝園集、有龍門子、凝道記，有浦陽人物記，今會成一帙，共記三十三卷，一千三百五十篇。

2.諸集有表賦詔誥，有記傳序辭，有題跋碑銘詩贊行狀之類，今總會各集之文，校其體製相同者，別類分卷，不致淆雜，以便觀覽。

3.諸卷首篇皆本朝應制之作，凡意義關繫大者先刻之，而餘皆序列于後；其大旨皆先本朝而後勝國，先中國而後四夷，先君而後臣，先大臣而後庶民，先男而後女云。

4.諸集之文俱刊入全集，不敢有所去取，其間爲禪師庵觀諸作，有默寓闢邪翼正意者，亦皆錄之；其或一時隨事應酬之作，則弗克盡錄。

5.舊本字多差訛，今參據各集，研加訂證，若別無考據而意義未易詳者，則毋敢輕改。

6.國朝名臣言行錄、先生家譜行狀、名公所撰諸集序文、本縣中建祠堂文移併祠堂碑記，皆附錄卷後以成全集云。

凡例所述雖詳，然第一條內容與雷禮新刊宋學士全集序卻有矛盾之處，雷序云：

先生舊有朝京藁、凝道記、潛溪、翰苑、鑾坡、芝園集、龍門子、浦陽人物記，然各集出於一時故舊以己見集者，今知浦江韓叔陽萃爲一編，共三十六卷，九百六十七篇，題曰宋學士全集，梓行之。

雷序云三十六卷、九六七篇，凡例卻云三十三卷，一三五〇篇，實在令人不解。胡宗楙金華經籍志曾就四庫總目所著錄宋學士全集三十六卷云：

宗楙按：此爲浦江張元中所編，張孟昂校正，嘉靖庚戌高淳韓叔陽知浦江縣時彙集付刊，凡九百六十七首，其關於釋教者，皆經刪汰。前有豐城雷禮、三山陳元珂序。萬曆庚戌吳良悌、崇禎間浦江知縣吳應臺均重刊。淸順治九年即墨周日燦署浦江縣，就其燬蠹模糊者修補爲三十三卷，故凡例稱一千三百五十題，與韓序異。

依胡氏按語觀之，似較合於雷序所述，若然，則中圖藏本殆爲淸刊本，乃著錄之誤歟？然觀刊本之紙質與魚尾樣式，則確爲嘉靖刊本無疑，或乃胡宗楙考訂有誤歟？其中胡氏所言萬曆庚辰（三十八年）重刊本，今未見；崇禎間重刊本乃修補版，今故宮藏有一部，考察崇禎修補本之凡例，亦如雷序所云：共三十六卷，九百六十七篇。可見此本較中圖刊本更合嘉靖庚戌本原貌，亦可推知原本確如雷序與凡例所言，實爲三十六卷本，共收九六七篇。不過，故宮所藏之修補本只存三十一卷，其卷七、卷八皆缺。

胡氏金華經籍志又云：「又按：各書目所載宋學士全集皆三十三卷，其三卷，仁和丁氏謂合附錄而言。」觀千頃堂書目所著錄，亦載宋學士全集三十三卷，並云：「高淳韓叔陽彙刻諸家本，定爲全集，刊於金華。」則又似乎各家所見多爲三十三卷本。

嘉靖韓叔陽刊本究竟原貌爲三十三卷或三十六卷，仍然待考，今姑誌於此，以待他日訪求。

二、劉　基

甲、覆瓿集二十四卷　明劉基撰

明初刊宣德五年修補羅汝敬序文本

國立中央圖書館藏有一部全本，四册。其行款爲每半葉十二行，行二十四字。上下單欄，左右雙欄，細黑口，雙魚尾間刻「覆瓿集」、卷數，並有葉碼。卷內題目下刻「栝蒼劉基」。此帙無目錄，卷前有宣德五年羅汝敬覆瓿集序，云：

先生之作有郁離子、春秋明經、有犂眉、覆瓿諸集，壽諸梓者久矣，惟覆瓿一編未有序之者，其孫刑部照磨貊間以囑予。

案此帙之羅序乃補刊，其原刊本如清徐釚所跋：

劉誠意覆瓿集係明初板，近日流傳頗少，宜珍惜之。康熙壬申三月重裝於松風書屋。

黃丕烈亦跋：

家俞邰明史藝文志別集載劉基覆瓿集二十四卷，拾遺二卷，前元時作，外間實罕見也。此覆瓿集二十四卷，與志合，拾遺無聞焉。己巳仲冬廿有四日，坊間得五硯樓書，余轉向取歸，猶是珍惜之意云爾……雖明初刊，當與宋潛溪續文粹等並重矣。嘉慶十有四年十一月復翁黃丕烈識。

此刊本，故宮亦有一部殘本，存卷六至卷十二，共七卷二册，無羅汝敬的補序，若非遺失，就是刊印時代比中圖所藏的全本更早。

乙、誠意伯劉先生文集二十卷　明劉基撰

明成化六年浙江巡按戴用刊本

國立中央圖書館藏有一部，二十四册，板框高二〇・五公分，寬一四・一公分。每半頁十一行，行二十一字。文武邊欄，黑口，雙魚尾間刻小題、卷數及葉數。

此帙前附成化元年楊守陳重鋟誠意伯文集序，以下分翊運錄、郁離子、覆瓿集、犂眉公集、寫情集、春秋明經六部分，各自獨立而有目錄、正文及序文。

四庫全書總目提要云：

其（劉基）詩文雜著，凡郁離子四卷，覆瓿集十卷，寫情集一卷，春秋明經二卷，犂眉公集二卷，本各自爲書，成化中，巡按浙江御史戴鱀等始合爲一帙，而冠以基孫薦所撰翊運錄。（註三）

關於戴鱀輯刊此本的始末，在楊守陳序中有所說明：

國初誠意伯劉公伯溫嘗著郁離子五卷，覆瓿集并拾遺二十卷，犂眉公集五卷，寫情集

曁春秋明經各四卷，其孫薦集御書及狀序諸作曰翊運錄，皆鋟梓行世，然諸集渙而無統，板晝久而寖湮，學者病之，巡淛御史戴君用與其宋薛君謙、楊君琅謀重鋟，迺錄善本，次第諸集，而冠以翊運錄，俾杭郡張君僖成之，囑陳序。

四庫提要以爲置翊運錄於前，「蓋以中載詔旨制敕，故列之卷首，然其書究屬廌編，用以編入卷板，使此集標基之名，而開卷乃他人之書，殊乖體例。」（註四）

翊運錄一卷，並有補遺及後序。

卷二至四爲郁離子，前附吳從善郁離子序云：

是書爲誠意伯劉先生所著，……故御史中丞龍泉章公雖巳刊置鄉塾，然未盛行於世，先生之子仲璟與其兄之子薦謀重刻以傳。……

又有洪武十九年徐一夔序，云：

……今遂棄官居青田山中，發憤著書，此郁離子之所以作也。郁離子何？離爲火，文明之象，用之其文郁郁然，爲盛世文明之治，故曰郁離子。其書總爲十卷，分爲十八章，散爲一百九十五條，多或千言，少或百字。……

序後爲目錄與正文。

覆瓿集自卷五至十三，卷十四爲覆瓿集拾遺。目錄前有宣德五年羅汝敬覆瓿集序。

卷十五、十六爲犂眉公集，前附宣德五年李時勉犂眉公集序，云：

犂眉公集者，開國功臣誠意伯劉先生既老所著之作，故取此以爲號云。

卷十七、十八爲寫情集，前附洪武三年葉蕃叔昌的寫情集序，云：

寫情集者，誠意伯栝蒼劉先生六引三調之清唱，四上九成之至音也。……其經濟之大則重諸郁離子，其詩文之盛則播爲覆瓿集，風流文彩英餘、陽春白雪雅調，則發泄於長短句也，……先生既薨，其仲子仲璟與長孫乃謀以是編重梓，垂遠以蕃於先生。

此集卷內題目次行題「郁離子栝蒼劉基」，與他卷稍有不同。

卷十九、二十爲春秋明經，除目錄、正文之外，無其他序跋。

丙、誠意伯劉先生文集二十卷　明劉基撰

明正德己卯（十四年）處州刊本

此刊於正德十四年初刻印行，國立中央圖書館藏有一部殘本，只餘十八卷十册，編者林富的「重鋟誠意伯劉公文集序」已佚，但在後來的修補版中仍可見，其序撰於正德己卯年，當時林富任處州知府，其序云：

公文梓行久矣，歲遠寖湮，字不復辨，富承乏栝蒼，典刑在目，視篆之暇，訂其譌落，重加編輯，捐俸再鋟諸梓，俾公孫指揮瑜等世守之。

此帙板框高一九・五公分，寬一四・一公分，每半葉十一行，行二十一字。四周皆雙欄，黑口，魚尾間刻「翊運錄」及葉數，版心下間有字數和刻工姓名。卷內題目次行刻「處州府知府林富重編」。

刊本前附像贊、楊守陳序（有缺頁）、王景翊運錄序、吳從善、徐一夔二郁離子序、羅汝敬覆瓿集序、葉蕃叔昌寫情集序，其次爲總目、正文，其分割情形亦如成化本，有翊運錄一卷、郁離子三卷、覆瓿集十卷、寫情集一卷、春秋明經一卷、犂眉公集二卷，但目錄及正文都未見末二卷，實已佚。

此刊到嘉靖戊子（七年）時加以修補，並調整序文次序，恢復爲成化本各部分之序文與目錄、正文相互配合的面貌，但版式、行款仍如原刻。莫伯驥五十萬卷樓藏書目錄所載者乃此修補本，而非初印本。

關於修補本，國立中央圖書館藏有兩部，完整的一部有二十册，殘本則缺卷十七至二十，只存十六卷、十册；此外，故宮亦藏有一部全本，十六册。此三部修補本皆有林富序。

丁、重編太師誠意伯劉文成公集十八卷　明劉基撰　樊獻科編

明嘉靖三十五年眞定知府于德昌刊本

國立中央圖書館藏有兩部，一部爲十册本，一部爲十六册本，除此以外，故宮亦藏有一

刊本板框高二一・二公分，寬一四・六公分。每半葉十行，行二十二字。花口：刻「誠意伯文集」，無魚尾，版心下有卷數、葉碼及刻工姓名，卷內題目次行刻「巡按直隸監察御史縉雲後學樊獻科編次」。

關於此編，嘉靖丙辰（三十五年）餘姚李本的「重編誠意伯文集序」云：

舊刻凡二十卷，曰翊運錄、曰郁離子、曰覆瓿集、曰寫情集、曰春秋明經、曰犂眉公集，各就篇名，雜陳無統，觀者病之，御史樊君按治畿內，公暇更定編次以爲十有八卷：先像贊、行狀、槩事業之全；次御書、詔誥，紀動庸之大，次頌表、次郁離子，揚文明之盛；次序記至詩歌，載製作之詳，統公以提要，類分以便觀，名曰重編誠意伯文集，刊成，請余序。

今觀其內容，皆如李本序所述。

此外，還有貞定樊獻科所撰的「刻誠意伯文集引」，亦撰於嘉靖三十五年，序云：

誠意伯集舊刻於栝蒼，凡二十卷，……各就篇名，統爲全集，其間製作雜陳，未可類別，兼以歲久，刊本遺落，字多魯魚，讀者難之，……因裒爲一十八卷，少易舊論之次，而公之製作始可類觀，爰付諸梓。……

由序可知此本與林富重編本不同，案此本乃樊氏巡按直隸刻於眞定，而眞定知府于德昌行梓役。其次，此編附有凡例，凡四大條，今不避其繁，贅引如下，以見編者原意及本刊面貌：

一彙編

舊刻翊運錄、郁離子、覆瓿集、犂眉公、寫情集，各自爲卷，公不以名卷集于一也，故卷尾識舊出某卷以備考云。

一存削

原集舊本今不敢輕爲去留，惟非時製者刪之，刊落無首尾者削不書。

一提綴

卷中遇皇王誥勅恩詔字樣俱首提，或遇處空一字別之。

一編次

文集先御書、次誥詔、次頌表、次郁離子、次序記、次箴銘、次賦騷、次樂府、次歌行、次古風、次律詩、次絕句、次詩餘，卷從其類以便核閱，惟古詩卷中或一題數十首，間附律詩則不抽置別卷，從公初意；其傳解長律僅一二作，隨附別卷之後省也。

闕疑

卷中魯魚就所知改訂之，義難強解者闕，如舊本。

纂刻

巡按直隸監察御史縉雲樊獻科編次，貴州道監察御史遂昌黃中，刑部陝西司主事松陽毛文邦考訂，直隸眞定府知府成都于德昌梓行，直隸大名府推官萬安劉良，直隸眞定府推官東萊劉祜、眞定府深州判官錢塘相文祥、眞定府藁城縣儒學教諭莆田江從春校正。

有關此刊的一切情形，在此凡例中都已可詳細看出，不必再費辭說明。唯一不合體例的是總目錄分正文爲八卷，但實際上正文之分卷有十八卷之多，今訂正如下：

目錄卷之一：御書、詔誥、頌表。爲正文卷一。

目錄卷之二：郁離子。爲正文卷二、三、四。

目錄卷之三：序。爲正文卷五。

記。爲正文卷六。

目錄卷之四：跋、說、問答語、解、文。爲正文卷七。

銘頌箴贊、碑銘、墓誌銘、連珠。爲正文卷八。

目錄卷之五：賦、騷。爲正文卷九。

古樂府。爲正文卷十。
歌行。爲正文卷十一。
四古。爲正文卷十二。
五古。爲正文卷十三。
七古。爲正文卷十四。
五律。爲正文卷十五。
七律。爲正文卷十六。
目錄卷之八：五絕、七絕。爲正文卷十七。
詩餘。爲正文卷十八。

此一刊本在隆慶六年時，謝廷傑曾據以重刊於括蒼。

戊、太師誠意伯劉文成公集二十卷　明劉基撰　何鏜編

明隆慶六年謝廷傑括蒼刊本

國立中央圖書館藏有兩部，一部爲全本，十册；另一部爲殘本，缺十九、二十兩卷，只存十八卷，八册；另外，在故宮及史語所亦各藏有一部全本，亦十册。至於臺大所藏者爲十八卷。

此刊板框高二〇・五公分，寬一四・三公分，每半葉十行，行二十三字。四邊皆雙欄，花口：刻「誠意伯文集」；下有卷數、葉數，並間有字數及刻工姓名，然無魚尾。目錄刻「重編太師誠意伯劉文成公集目錄」，但卷內題目無「重編」二字，次行刻「後學麗水何鏜編校」。此刊據嘉靖年間貞定本刊刻，由何鏜「重刻誠意伯劉公文集序」可知，但此本又較貞定本多收春秋明經兩卷，故成二十卷，然目次亦只有八卷，故將目錄與正文比對，校正如下：第一卷爲像贊行狀、神道碑銘，內容置於總目之前，目錄第二卷起，其與正文之關係一如貞定本所校正的情形。但春秋明經二卷則直題爲卷之十九、二十。

中圖之十册完本中附有隆慶六年何鏜所撰的「重刻誠意伯劉公文集序」，其序云：

青田文成劉公文集故有翊運錄一卷、覆瓿集十四卷、郁離子四卷、寫情集二卷、犁眉公集二卷、春秋明經二卷，國初嘗梓行，而郡人翰林學士王公景章爲之序。正德中，郡守莆田林公刻置公里第。嘉靖中，余友人縉雲樊文叔乃類編之，刻于貞定，今侍郎虬峯，謝公按部括蒼，脩謁先生祠堂，討論遺文，得里第本，病其漶漫舛錯，乃命郡守建安陳公依貞定本，翻摹授梓，余爲校正若干字，梓成，屬爲序。……

除了何序，還有一篇重要的序，即隆慶年間建安陳烈所撰的「重刻誠意伯劉公文集後序」：

嘉靖己未公鄉達斗山、樊侍御嘗刻於北畿巡院，東南脩辭士人尠得覯覩，且經義刪遺，似非全集。隆慶壬申春，豫章虬峯謝公持斧按兩浙，丕崇正學，風厲人文行部，至括握劉公簡籍，惻然曰：集殘缺矣。……廼檄烈搜討遺文，重手校而鋟焉。……刻成，授烈序諸末簡。

除了何、陳二序、目錄、正文，此帙幾乎將各集刊本之序跋羅列完全，計有：葉蕃叔昌寫情集序、徐一夔、吳從善二郁離子序、王景翊運錄序、羅汝敬覆瓿集序、李時勉犂眉公集序、楊守陳重鋟誠意伯文集序、林富重鋟誠意伯劉公文集序、端題誠意伯劉公集、李本重編誠意伯文集序、樊獻科刻誠意伯文集引等。

中圖所藏十八卷殘本缺末二卷，其他舊序皆無，只有新增的何鏜序、陳烈序，並較前述二十卷全本多一手抄浙江巡按謝廷傑之「誠意伯劉文成公文集序」，撰於隆慶六年，其序云：

余弱齡侍家長者談國初翊運諸名臣輒凝聽之，憬然有懷焉。長而宦遊四方，竊願表揚先哲，博綜其遺文，頗喜善本，若宋文憲公諸集，海內翻刻者幾益良劉宋匹也，其文獨刻於括蒼，歲久字訛舛，板又漫漶，莫或新之者，余奉命按行東浙，以瓣香謁公祠下，詢遺文僅得此編，慨而歎曰：嗟乎！逝將以功業掩文章耶？何善本之寡也？屬太守陳君烈萃諸文學，重加訂正，付於良梓，俾海內同好者共焉。

史語所所藏的刊本，除了多謝廷傑序以外，與中圖所藏八冊本全同。

三、王　褘

甲、王忠文公文集二十四卷附錄一卷　明王褘撰

明正統間鄱陽劉傑編刊本

國立中央圖書館藏有一部八册，中有眉批、句讀、評點。板框高二〇・五公分，寬一三・五公分。每半葉十三行，行二十六字。文武邊欄，小黑口，雙魚尾，版心中刻「忠文」及卷數。比較値得注意的是，此帙前十二卷題鄱陽三臺劉傑編輯、廬陵銅溪劉同校正，十三卷以下，則編輯者改題劉同，校正者改題劉傑，四庫總目提要云：「意二人各刊其半歟？」（註五）

刊本卷前附有正統六年所頒誥敕一道，其次有正統壬戌（七年）楊士奇王文忠公文集序，至正十八年胡翰華川集序、胡行簡序、宋濂華川集序、蘇伯衡序，四庫總目提要云：

褘所著本爲華川前集十卷、後集十卷，傑等合編爲此本。卷端胡翰、胡行簡二序，皆爲前集作；宋濂、蘇伯衡二序，皆爲後集作；其楊士奇一序，則爲此本作也。」（註六）

序以下是爲總目與正文，卷之二十四終後有正統甲子（九年）春劉傑題王忠文公文集序，云：

予昔者在鄉校時，獲睹金華方公素易所集翰林待制子充王先生華川集刻本，凡若干卷。……然先生平素所作，惜其刊板多歷年所，遺失莫存，既而先生之孫叔豐出示遺稿六帙，復得四川僉憲王公迪所藏前集，予因備錄而增廣之，分爲二十四卷、三十七類，以篇計之，總六百二十有奇，姑以繼吾先正方公纂集之志耳。又賴同寅大尹盧陵劉公同重爲校正，僉憲謂宜繡梓以永其傳。

末有附錄一卷，收有哀辭、行狀及祭文，題「里後學朱肇編輯、何贊校正」，除四周皆單欄以外，其餘款式皆與正文同，但其中多塗黑之墨釘。

乙、王忠文公文集二十四卷　明王禕撰　劉傑編

明嘉靖元年金華府刊、萬曆七年修補本

故宮博物院藏有一部，十二册。每半葉十行，行二十字，上下單欄，左右雙欄，白口，魚尾下刻題目名稱，亦有卷數、葉數及刻工姓名。卷內題目次行刻「鄱陽三臺劉傑編輯、盧陵銅溪劉同校正」。

此刻乃嘉靖元年金華知府據正統刊本加以重刻，除了卷尾有「嘉靖改元十月四日分守浙東道委官金華府同知張齊校刊」之牌記可以見出以外，另有嘉靖元年當塗祝鑾的「重刻王忠文公集序」加以說明：

余至義烏得王文忠公集而讀之，問其梓曰：弗存矣。問其集之藏于人者，曰千百之一二也。嗚乎！……顧使渙漫殘缺可深慨哉！時同張齊方視府篆，遂以屬之，俾重刻焉。齊雅尚文學，欣然領之，不數月而告成，書旣道古，工亦雅緻，可傳永久。

故宮所藏此本是萬曆七年經過修補之本，其牌記後又有註明爲「萬曆柒年己卯四月吉旦金華府重脩」之方鵬跋，但此跋實撰於嘉靖甲申（三年），是刊行以後再補之跋，跋云：

右義烏王文忠公集若干卷，吾友篁溪祝君鳴和之所刻也。……刻旣成，間有一二爲錄者所誤，篁溪屬鵬校正之，謹綴數語於末簡以致區區景仰之意云。

此帙除祝鑾序以外，亦收正統六年誥勅一道，嘉靖十八年李默所撰之祠墓記、楊士奇序（正統七年）、胡翰序、胡行簡序、宋濂序、蘇伯衡序，其次爲總目錄，再次爲正文，其中修補部分可明顯看出是匠體字，卷尾附牌記已如前述，最後即前引之方鵬跋語。

丙、王忠文公文集二十四卷　明王禕撰

明萬曆甲辰（三十二年）溫陵張維樞編刊本

附繼志齋文稿二卷　明王紳撰

王贖齋詩稿一卷　明王稌撰

王齊山稿一卷　明王汶撰

國立中央圖書館藏有一部，十册；史語所亦藏有一部。

此刊板框高二〇・五公分，寬一四・九公分。每半葉十行，行二十字。左右雙欄，上下單欄。版心上爲花口，刻大題「王忠文公集」，魚尾下刻卷數、葉碼、刻工姓名，間有字數。卷內題目亦題「鄱陽三臺劉傑編、廬陵銅溪劉同校，溫陵子環張維樞重選」，其第十三卷起編者、校者互換的情形仍一如正統本之舊而未改。

卷前附有洪武三年及正統六年所頒的二道誥敕，並有李默撰之祠墓記（嘉靖十八年）、胡翰、胡行簡、錢宰等人序、吳寬撰之王忠文公祠記及張維樞在萬曆甲辰（三十二年）敍于恬澹巹的重刻王文公文集敍，敍云：

正統五年烏程劉傑白之廟，得贈學士，如故謚忠文，傑復集公草，丐楊文貞序以傳，於是公之英爽徽韻，巋然並千秋，歷二百餘年來，前刻幾亥豕不能句，……維樞竊從復宋坟之議，以重鋟上請俱報，可曰倡王氏宋謬加校訂後竣，謹拜手言曰：樞卒業是編。……公子紳、孫稌、曾孫汷，俱紹明公學。紳述滇南慟哭記，情甚愴，滇老爲同哭公祠下，稱王孝子。稌尤冒九死收方孝直骸，代輯遺書。中舍汷登成化進士，置祠田光昭先德，孝宗改元與陳檢討同被召，遂卒，所著有齊山文稿。都不虛爲忠文兒孫，故幷錄數篇附集後，見公家忠孝者之文非抵掌而以雄舉詑一時比也。

此序之後又有張氏所撰之學士王忠文公傳。以下則次之以二十四卷總目錄及所附繼志齋文藁目錄（一卷）、王腆齋詩稿目錄（一卷）、王齊山稿目錄（一卷）。

在附錄中，兩卷繼志齋文藁題下皆刻「青岩仲縉王紳著、溫陵子環張維樞選」，附王腆齋詩稿題目次行刻「叔豐王稱著、子環張維樞選」，附王齊山稿題目次行刻「允達王汶著、子環張維樞選」。

關於前述三種版本，會稽王廷曾嘗以爲明正統辛酉鄱陽劉傑刻本爲原本，嘉靖壬午歷城張齊刻本爲襲本，萬曆甲辰溫陵張維樞刻、附繼志齋稿二卷、腆齋稿一卷、齊山稿一卷者爲竄本。

除以上三本，明刊本尙有崇禎年間魏呈潤所刊行者。

丁、王忠文公集四十六卷附錄一卷　明王褘撰

明崇禎己卯（十二年）閩漳魏呈潤刊本

國立中央圖書館藏有一部全本，十二册；另有一部殘本，只存卷一至卷三十五，共六册。

板框高二〇・二公分，寬一四・二公分。每半葉九行，行十八字。左右雙欄，上下單欄，花口：題「王忠文公集」，魚尾下有卷數、葉碼，版心下方有字數。字體爲標準橫輕豎重之匠體字。卷內題目次行刻「義烏王褘子充著、閩漳魏呈潤中嚴較」。十二册全本的首卷題下有

一行小字：「同治癸酉重陽后九日方溶師讀竟識」，蓋此書嘗經清方氏所閱覽也。

刊本首載魏呈潤的王忠文集序，撰於崇禎己卯（十二年），序云：

公之遺草，其始鐫也，草創於劉丞，時未得善本，歲久寖壞，溫陵張子環檄烏，傷更梓之，然位置相沿，中少差次，漳其過化之鄉，又一時文獻非乏也，余不敏，力搜先代之遺與王中丞而弘、張徵君紹和共司參訂，而茂才張烴叔更加精覈，俾無遺謬，蓋踰年而始竣事焉。……公集中諸製大較勝國時屬綴爲多，入明以來僅三之一，想初集先以行世故爾盛傳，後集尚閟篋中，大地風霾，輒遭散佚若此，……前刻見遺而今裒然爲集中鼎呂。

魏序後有近人楊守敬的題識，云：

四庫收忠文集二十四卷，乃正統中劉傑、劉同共編，語詳提要中。此本則崇正己卯魏氏呈潤所刻，共四十六卷，幾較劉刻多至一倍，惜未見劉刻本，無從考核也。魏氏序：於劉氏後，溫陵張氏檄烏，傷更梓。是四庫所收係其初刻，此本經魏氏掺輯，蓋較前二刻獨多，魏复云：文爲勝國時屬豪，此大半入於明以後，其遺失亦不少矣。日本市舶來粵，出以求售，海外藏書二百年復歸中華，可寶也。守敬。

以下之序總題爲「王忠文集舊序」，共收胡翰、胡行簡、宋濂、蘇伯衡、楊士奇等人所

撰。總目之後次以正文，末爲附錄一卷

四、蘇伯衡

蘇平仲文集十六卷　明蘇伯衡撰　林與直編

明正統壬戌（七年）處州府推官黎諒刊本

蘇平仲集之明刊本目前臺灣公藏可見者僅此正統刊本，國立中央圖書館藏有兩部全本，各四册，另有一部殘本，只存首四卷，此外，故宮與史語所亦各藏一部全本。

刊本版框高二一・二公分，寬一三・五公分，每半葉十二行，行二十四字。文武邊欄，小黑口，雙魚尾，版心刻「文集」及卷數，下魚尾下刻有葉碼。目錄次行題「迪功郎蒙陰主簿永嘉林與直編集」，每卷書題次行題「處州府推官章貢黎諒校正重刊」。

刊本前附有三序，一爲洪武十三年宋濂撰之太史蘇平仲文集序，次爲洪武四年劉基撰之蘇平仲文集序，三爲正統壬戌（七年）處州府推官黎諒重刊的說明，序云：

太史蘇先生平生所著詩文若干篇，前蒙陰縣簿林與直編類，分爲一十六卷，鏤板郡庠，歷年既久，朽失過半，印行於世者亦泯沒無存，嗚呼！惜哉！正統庚申予授官括郡；公暇訪求先輩遺文，故老首以先生是集舉，嘗欲求一觀，竟不可得。後因公事抵溫郡，謁少保黃先生，先生以平仲文集見示，予讀之竟日，手不忍釋，惜乎集中字義多昏翳訛謬有不可讀處，諒求假而歸，公暇躬自謄錄校正繕寫成書，命工重壽諸梓以求其傳，與同志者共覽焉。

按黎諒所據以重刊者乃林與直編集的刻本，嘗於洪武間刊行，今臺灣未見其本。三序之後，次以總目錄，目錄形式猶留有元風。再次接以正文，共十六卷。除黎識外，據四庫總目提要所云，此刊本前有劉基序，後有胡翰跋；清丁丙善本書室藏書志記載振綺堂所藏刊本有劉基序，胡翰跋及宋濂序；又將光煦東湖叢記所載清錢方蔚手鈔本有方正學序，若然，則抄本所據之本亦當有方序。不過此間所見之刊本，只收宋、劉二序及黎跋，其他則未見。

五、胡翰

甲、胡仲子集十卷　明胡翰撰　劉剛編

明洪武辛酉（十四年）浦陽王楙溫刊本

國立中央圖書館藏有一部，四册，每半葉十行，行二十一字。文武邊欄，小黑口，雙魚尾，版心間刻「胡仲子集」、卷數及葉碼，刊板有許多模糊漫漶處，四庫總目提要云：

是集乃其（胡翰）門人劉剛及浦陽王梛溫所編，以洪武十四年刊板，今印本罕傳，惟寫本猶存於世。（註七）

可見四庫館臣未見洪武原刊本，蓋當時流傳已尠。丁丙善本書室藏書志及胡宗梛金華經籍志所載，均言此刊本有宋濂序，但中圖所藏刊本，卷前卻無任何序跋，惟首以總目錄，目錄題下刻「金華胡仲申著」，卷內書題下刻「門人劉剛編」，共十卷，前九卷爲文，後十卷爲詩。四庫總目提要又云：

凡文九卷、詩一卷，史稱其文曰胡仲子集，詩曰長山先生集，今合爲一集，豈剛等所併歟？（註八）

正文後又附洪武十四年浦陽義明王梛溫的跋及劉剛的胡仲子後序。王跋云：

起手於洪武庚申夏六月，而畢工於明年冬十一月也。雜著文十卷，古近體詩二卷，附錄一卷，共九萬九千六百九十餘言。

王跋所言詩文卷數與刊本不合，不知何故，有待後考。

劉剛自稱爲胡氏門人，又同郡，其序云：

先生以今年春正月九日卒家，……倣荀卿、賈誼諸書文居詩賦之首，編次成帙，號胡仲子集，通若干卷。

乙、胡仲子先生信安集二卷　明胡翰撰

明弘治癸亥（十六年）衢州刊本

國立中央圖書館藏有兩部，一部兩册，另一部一册，有葉德輝手書題記。

此刊板框高一九·二公分，寬一四公分。每半葉十行，行二十字。上下單欄，左右雙欄，大黑口，雙魚尾，版心刻「胡仲子集」上或下，下有葉碼。

二册本前有宋濂序，次有弘治癸亥（十六年）開化吾㫬的「胡仲子信安集序」，無目錄，正文分上、下兩卷，無後序或跋。一册本亦有宋濂序，但有目錄，卷內題目次行刻「金華胡仲申著」。吾㫬序云：

文集舊刻於浦陽王氏，歲久渙晦，學者有不得而見，吾衢邦伯沈公重其人、愛其文，而惜其不行於世，以先生嘗爲衢庠師，訪求於衢之人，得其作凡若干篇，將鋟梓以行，謀於佐郡賀公，志相恊也，遂刻之，名曰胡仲子信安集。工甫訖，適進士都玄敬以全集屬邦伯廣其傳，邦伯甚喜，並行焉。

按沈氏，乃沈杰，長洲人，爲成化二十年進士。

一册本並有近人葉德輝的題識，寫在光緒二十二年，幷附於此：

天一閣書目集類有胡仲子文集十卷，云明胡翰著，宋濂序。序多脫字。四庫全書總目

別集類著錄本同提要云：凡文九卷、詩一卷。此本祇上下二卷，詩寥寥數章附于下卷末，據前弘治吾啅序稱：訪求于衢之人，得其作凡若干篇，將鋟梓以行，謀於佐郡賀公，遂刻之。工甫訖，進士都玄敬以全集屬邦伯廣其傳，邦伯甚喜，將續刻幷行焉云云。則此二卷非足本也。天一目所載爲綿紙藍絲闌鈔本，提要亦云：今印本罕傳，惟寫本猶存于世。則十卷本固不易得，得此二卷本亦略見先生詩文之大概矣。

六、謝肅

密菴先生詩稿五卷文稿五卷　明謝肅撰

明天啓五年上虞謝偉重刊本

密菴集之明刊本，在臺僅見此一部，藏於故宮，共六册。板框高二〇・七公分，寬一三・九公分。每半葉九行，行二十字，匠體字。四邊均單欄，花口：前五卷刻「密菴詩稿」，後五卷刻「密菴文稿」。魚尾下有卷數、葉碼及字數，集中多墨釘。此刊詩稿與文稿各有目錄。至於卷內題目下，各稱甲集、乙集等，次行起依序題「門人始寧任宋禮校正、沛郡劉翼南編次、六世孫師嚴重校、七世孫偉重梓」。

此帙雖非十卷本之洪武初刻，但能保有十卷本之原貌，彌足珍貴，四庫所著錄的密菴集只有八卷，而且是從永樂大典中所輯出，四庫提要云：

明史藝文志、焦竑國史經籍志、黃虞稷千頃堂書目，俱載肅密菴集十卷，而傳本久秘，藏書家亦罕於著錄，惟永樂大典中所收肅詩文頗多，……謹採綴編次，釐爲八卷，又戴良原序二首，別見九靈集中，今竝取弁簡端，以略還其舊焉。（註九）

此帙並有清光緒戊申（三十四年）夏孫桐手書的題記二則，乃就其本之難得而言：

四庫總目密菴集八卷，永樂大典輯此本猶明人原編之本，當時館臣未見。光緒戊申得於四明。江陰夏孫桐記。

按谷序所載，始刻於洪武戊寅，再刻於隆慶三年（註一〇），不久即燬於火。此本最後刻於天啓五年，近時藏書家錢唐丁氏、歸安陸氏，所收皆八卷鈔本，無見足本者，此洵可寶貴也。巳悔龕又記。

孫氏所云刊刻源流，從此帙中各序皆可見其淵源，以下介紹此帙序文，兼言此刊祖本。詩集前附有戴良撰之密菴先生稿序，未載年月。又有隆慶元年謝肅從孫謝瑜之序、族玄孫謝讜所撰之密菴稿後序，隆慶三年六世孫謝師嚴之重刻密菴先生稿跋及天啓五年七世孫謝偉所撰重鐫密菴公詩文稿述。文稿前則附洪武元年戴良密菴先生文稿序及洪武三十一年劉翼南密菴文稿後序。

關於洪武刊本，戴良序云：

（肅）旣東還故里，攜其所著密菴稿若干卷授予曰……。原功，會稽之上虞人，名肅，其字原功，密菴乃別號也，故以題其稿云。

劉序云：

其歿後之六年，余亦察薦於天官，遂得拜命南宮，裒密菴所著詩文凡十卷，編類成帙，置諸座右，常與四方往來之鴻生碩彥相加訂證，閱八年始克先鋟梓於詩然，詩五卷，卷以天干爲第，其文卷亦如之。

至於隆慶本之刊刻緣起則如謝瑜序所云：

瑜自幼時聞先世長老云：藁刻板舊在縣庫中，以四方學士宦遊過茲地者求索無虛日，不一二年板即□□漫滅，縣大夫以供應浩繁，白於上，送諸府，漸以零落不存矣，故密菴藁流布徧海內，而藏於故國甚鮮，而藏於家者尤鮮。

瑜因此圖謀重刻，日久未成，至隆慶間始刻意竣工：

乃搜所藏舊本，又多殘闕漫滅，盡索於故家親友，得數部，參互補輯，甚不可者存其空楮以竢，一依舊本，無一字更革，付吾姪武進尹師嚴鋟梓以行，蓋以吳中多善工，亦師嚴志也。經費處之於家，無煩其邑人，姑具其重刻□□始末云爾。

謝讜、謝師嚴二序跋大意亦皆如謝瑜。此外還有謝偉序言及隆慶本，並述天啓本刊印始末，其序云：

偉世家於上虞，……一統志載會稽二肅有密菴詩文稿行於世，歲久殘缺，頗多失次，王伯父侑齋侍御公雅志欲之，而奔馳事勢不能逮，比先大人水部公尹晉陵時，手授是編而囑之曰：先世有美而弗傳，是余等責也。吳中多善工，盍爲梓之！先大人唯唯。……閱三載始克告成事。……奈歲丙午，偉肄業山中，家受祝融之灾，此板亦煨燼於烈燄矣。……及爲古新令，攜稿篋中，適制臺蘭陵何公鐫封事有探梨之檄，粵中良手鱗集鎭下，因出是編詳訂而重梓之。

此天啓本乃密菴集明刊之最後刻本。

七、貝瓊

甲、清江貝先生文集三十卷　明貝瓊撰

明洪武間原刊本

國立中央圖書館藏有一部全本，共六册，經過朱校。板框高二一·六公分，寬一三·一公分。每半葉十三行，行二十四字。文武邊欄，細黑口，魚尾下刻「貝先生文集」及卷數，

下魚尾下並有葉數。

此帙前附天臺徐一夔序，此外只有總目和正文，無其他序跋，全書有三十卷，皆以朱筆校過，今之四部叢刊影印即據此刊。

故宮亦藏有一部殘本，只存首十卷，共三冊。

乙、清江貝先生文集四卷　明貝瓊撰

明萬曆乙亥（三年）桐鄉縣訓導李詩集貲刊本

國立中央圖書館與故宮各藏一部，皆四册。板框高二〇·七公分，寬一五公分。每半葉十行，行二十字，匠體字。上下單欄，左右雙欄，花口：題清江集，魚尾下刻卷數，並有葉數。

此刊卷前附蔡時𡡾清江貝先生文集序，撰於萬曆乙亥年，其次爲目錄，因此刊分詩文兩部分，故目錄第一部分乃關於文集三卷，題目云「清江貝先生文集目錄」，次行題「皇明國子監助教貝瓊著、桐鄉縣儒學訓導李詩校刊」，第二部分題目改「文集」爲「續集」，實則爲詩集一卷，即卷四。

目錄之後稍述集貲情形，並有萬曆三年方義壯撰之清江先生文集後序、萬曆乙亥（三年）李詩之序清江貝先生集後。三序後接以正文，正文中各篇獨成張頁，互不相接，看來整潔美觀。

關於此刊，李詩云：

清江貝先生之文，間見于皇明文衡及文章辨體諸集中而未見其全也，求之再期，胥以淪缺報委，晚乃得之玉川顏君；蓋顏君敦厚好古，故能藏其遺編。……余旣得而讀之，則手自讎錄，稍加刪正，……然石經、大誥二賦不見於本集而見於皇明文衡，則知先生文集則流布四方，而散佚失記者蓋亦多矣，……乃率庠士恊圖梓之矣。

由序可知此本乃李詩就顏氏所藏瓊遺稿及皇明文衡、文章辨體所載，彙輯而成，而非其全本。除此，蔡時昺序亦可視作李詩序之補充：

貝先生以舊有清江集行于世，未及重刻，然其集多散逸無存，即士大夫好書籍之家猶希有之，幾乎遠而不傳矣，邑慱李君雅以文才，……乃極意旁羅慱購，一日而抄集其錄編次以詣予曰：欲付之刻。且謂予當序之首。

方義壯亦云：

海虞志齋李君，……旁搜手錄，刪其亡謂者若干篇，有可傳者若干篇，刻之學宮以廣其傳，於是工告成矣！屬予敍述先生之行嗣刻焉。

八、烏斯道

春草齋集十卷　明烏斯道撰　蕭基選

明崇禎二年蕭氏浙江刊本

此刻板框高二一・六公分，寬一五公分。每半葉九行，行二十字，爲匠體字。上下單欄，左右雙欄，版心間無魚尾，上題「春草齋集」，稍下有卷數，再下有葉碼，前五卷爲詩集，後五卷爲文集，各有總目。卷內題目次行刻「四明烏斯道繼善父著、泰和蕭基大美父選梓」。

國立中央圖書館藏有三部，第一部有二册，前面序文只有一篇，署「阮震亨漫筆」，詩集後附有貞操琴詠一卷，文集後也有附錄，作卷六，含誌傳、像贊、及題詠，此爲烏斯道八世孫獻明所續輯，獻明並有乞言牘云：

是集也，仰荷蕭太宗師鴻造，更辱縉紳名公雋裁，……原本藏於楊岷阜先生而檢覓無由，舊刻留於屠漢坡先生而追尋不迨，似此缺典可無補葺？再俟購求以成此帙。

可見烏氏作品早已刊行於世，此是崇禎二年重刊之本，刊者爲蕭基。按蕭氏乃泰和蕭基，字如城，萬曆四十一年進士。

中圖所藏第二部有五册，今只存五卷，即詩集卷一、卷三至卷五，又附貞操琴詠一卷。

此帙前有數序：宋濂烏春草先生文集序（洪武十八年）、陳之美春草齋序、阮震亨題永新令烏春草集、蕭基烏先生春草集序、解縉紳譚節婦序等。其中蕭基序云：

余入甬上，亟訪先生遺躅，見邑人物誌亟崇重焉，又訪其後裔，厥孫烏獻明以儒衿來謁，稽遺編，則袖春草齋集抄本以進，其中篇什屬里屬吉者參半，金華學士爲之序，蓋昔梓而久磨滅剝蝕，沒沒是足虞，而捐贖鍰，命剞劂新之，付獻明緝以有永。……

第三部有三册，存詩集五卷，前有宋濂、解縉、蕭基、陳之美、阮震亨等序，其餘皆與前二本同。今在臺可見之春草齋集明刊本唯此三部。

九、方孝孺

甲、遜志齋集二十四卷附錄一卷

明正德庚辰（十五年）姑蘇顧璘刊本

國立中央圖書館藏有二部，其中一部十册，另一部十六册。刊本板框高一九公分，寬一三．四公分。每半葉十行，行二十字。四周皆單欄，版心間有卷數及葉數。

此刊前有林右遜志齋集序（洪武三十年）、金華王紳仲縉亦有遜志齋集序，凡例及方先生小傳後是目錄與正文，並有附錄一卷。附錄中收有臨海趙洪新刊正學方先生文集序（天順七年）、又有黃巖黃孔昭新刊遜志齋集後序（成化十三年）、黃巖謝鐸無題序（成化己亥——十五年）、華亭張弼書方正學遜志齋集後（成化十八年）及姑蘇顧璘書重刊遜志齋集後（正德庚辰——十五年）。

關於此刊，以凡例所述最詳，故擇其要者兩點引述如下：

> 一是集趙教諭先生洪實始板行，至定軒黃公孔昭、方石謝公鐸、宜春郭公紳始完，凡四十卷，今本以拾遺分屬爲文二十二卷、詩二卷。
>
> 一舊本編輯時以禁諱，後惟懼失墜，間有同時諸公文誤入者，有僞譔者、有應酬及少所作者、有甚缺滅不可讀者、有失次而雜出他卷者，今因舊本序次，惟誤入而證據明白者刪去之，餘悉存爲別集。

除了凡例，此刻刊者顧璘之序大意亦與凡例第一條同：

> 列聖之惠與文始集于趙學諭洪，至禮部尚書謝公鐸、工部侍郎黃公孔昭益廣搜之，得若干卷，刻諸寧海，木今漫矣，乃會黃參軍綰、應吉士良、趙大行淵，刪定僞謬，重刻斯編以行於世。

案方氏作品洪武間早有流傳，靖難時以死殉建文帝，故永樂初文禁甚嚴，宣德以後始稍傳於世，今臺灣公藏之方氏詩文明刊本，以此顧璘刊本爲最早，但經由其中序跋及凡例所述，亦可略見早期刊本的刊印情形。

顧序及凡例中所言之趙洪刻本，即天順中刊行之蜀本，見於趙洪序：

> 幸而掇乎嘘燼之餘，所謂存什一於千百者也，中間在蜀之作，皆友人侯君邦彥得姑蘇編脩陳公之所傳錄，與夫傳采士夫間之記誦，凡詩文二百六十七篇，吾鄉之士肆畏道厥事，什襲珍藏，無由裒采，竊惟春陽已舒，江漢旣濯，應不屑於毛疵矣，廼於寒暑之暇捐俸募工繡梓以圖壽傳，悉手所繕，落於天順六年六月望日，考於次年四月望後一日也。

黃孔昭序所云則爲成化時刻之邑本，序云：

> 惜其遺文散佚，天下僅見趙教諭刻本，孔昭乃與謝侍鐸日加訪采，而其邑之秀彥猶能各以所藏來告，遂合葉、林二亞卿、王、李二中書與柳常州之所得者彙之，而是編成焉。於是先生之文亦庶幾其全矣。……集旣成，福建林僉憲克賢、寧海郭縣尹紳各以書來請壽梓，孔昭與侍講圖斯文永久，莫如先生桑梓之地，故奉以屬郭尹，郭尹又蒐訪於其邑，得詩與文若干首附益之，方經畫召工，而金義士明、陳訓導熙、鄭學究公詢、秀才楊顗、金遠輩，咸奮義助相校書，董治各有司任，不日月板將告成。

謝鐸序與黃孔昭序相近，但對邑本的介紹卻有補充：

右遜志齋集三十卷，拾遺十卷，爲文千二百首，總若干萬言。……常本舊稱遜志齋集者，訛缺爲甚，謹具存之，不敢別有所更益，教諭之編有的知其非出於先生者乃不取。其曰正學者，蓋蜀獻王所賜；遜志則先生所自號，今并入之以復其舊而其續得者乃更爲別錄云。

天順中趙洪所刊蜀本十卷，成化中謝鐸與黃孔昭重刊之邑本四十卷並附錄一卷，此正德庚辰顧璘刊本二十四卷並附錄一卷，因梓於郡齋，俗稱郡本，四庫全書總目亦有著錄，其提要云：

是集凡雜著八卷、書三卷、序三卷、記三卷、題跋一卷、贊一卷、祭文誄哀辭一卷、行狀傳一卷、碑表誌一卷、古體詩一卷、近體詩一卷。史稱孝孺殉節後，文禁甚嚴，其門人王稌藏其遺稿，宣德後始稍傳播，故其中闕文脫簡頗多。原本凡三十卷、拾遺一卷（註一一），乃黃孔昭、謝鐸所編。此本併爲二十四卷，則正德中顧璘守臺州時所重刊也。（註一二）

乙、遜志齋集二十四卷附錄一卷　明方孝孺撰

明嘉靖二十年蜀藩刊本

國立中央圖書館藏有一部，十册，板框高一八・九公分，寬一三・二公分。每半葉十行，

行二十字。白口，版心間只有卷數、頁數，無書名。

此帙有林右、王紳二遜志齋序及嘉靖二十年劉大謨之重刊遜志齋集序。其凡例與正德本全同，並有方先生小傳。其中以劉序最能見出此帙刊刻情形，序云：

重其人也又不可不重文也，司空東橋顧公守臺日曾刻之郡齋，其鄉人趙君弘道、侯君世言，繼參蜀藩，攜以自隨，今殿下適菴夙勤嚮慕，旣取而梓諸書廡以傳播之，又從而新其祠宇以俎豆之，遡之獻王隆以賓師之遇資其啓沃之益者，可謂後先一轍，拨守一道。……

由序文可見此本是沿正德本而來，事實上無論版式、行款、字體，此刊皆如正德本之舊，乃正德本之覆刻者。

此帙末又有近人章棂手書之題識。

丙、遜志齋集二十四卷附錄一卷 明方孝孺撰

明嘉靖辛酉（四十年）浙江按察副使范惟一刊本

國立中央圖書館藏有一部，十二册。板框高一九・九公分，寬一四・三公分。每半葉十行，行二十字。白口，魚尾下刻卷數與頁數，卷內題目次行刻「中順大夫浙江按察司副使奉勑提督學校雲間范惟一編輯、奉政大夫浙江按察司僉事奉勑整飭兵備南昌唐堯臣校訂、中順

大夫浙江臺州府知府事前刑部郎中東吳王可大校刊」，二十四卷末處又列校對者職銜、身分、姓名，共十二人。

刊本前附有嘉靖辛酉（四十年）夏范惟一撰的重刻遜志齋集序，云：

余往在京師得遜志先生方公集讀之……。郡有遜志齋集，故刑部東橋顧公爲守時所刻，予取讀焉，見其編漸漫漶，因謀兵道唐君及新守王君重刻之，二君躍然敬諾。越數月報訖工，予乃僭敍次所編以識景行之私云。唐名堯臣，南昌人；顧公璘，王名可大，皆予同郡人。

按范惟一乃吳郡華亭縣人，字于中，嘉靖二十年進士，此時爲浙江按察副使。

范序後又有唐堯臣敍刻遜志齋集及王可大重刻正學方先生文集序，此外並附前數編中林右、王紳兩篇遜志齋集序及正學先生像贊，並有凡例十一條，舉其要者如下：

一是集先生歿後六十年臨海趙學諭始得散落詩文三百一十四篇，梓于蜀者爲蜀本；又二十年太平謝文肅公、黃巖黃文毅公偏輯四方所藏，得四十卷，郭令尹梓于寧海者爲邑本；又四十年郡守姑蘇顧公梓于郡齋者爲郡本，今據三本而參酌之。

一附錄原止錄蜀獻王及同時名公贈遺諸作，公以傳狀、祠記及吊祭詩文而續附者，存始末也。若愚菴公墓文、孝聞孝友二先生暨二烈女詩傳，此先生一門道德、節義不容泯者，亦併附焉。

自趙洪始刻蜀本以來，繼有邑本、郡本出，此編據前三刻重加審定，有刪有補，是爲第四刻，萬曆四十年丁賓曾就此刊重刻。此范惟一刊本，在萬曆丙子（四年）有華亭徐階所撰的補序：「重刊遜志齋集序」，收在萬曆本中。此序可視爲各種遜志齋集明刊本之總介紹，敍述分明，値得引述：

遜志先生集，其初刻於蜀，有臨海林公右、金華王公紳所爲序，然林序稱洪武三十年，而不書輯者之姓名，亦不著卷數，王序則直題爲文稿，今以傳考之，洪武之末，先生猶教授蜀藩，則殆先生所自輯且未成之書也。厥後先生樹奇節，罹慘禍，集因諱不傳。天順癸未（七年）臨海教諭趙君洪始購遺文二百六十首以屬梓人，而集乃行於世。成化庚子（十六年）黃巖選部黃公孔昭、祭酒謝公鐸盡搜縉紳家所藏，得文千二百首，合爲集三十卷，拾遺十卷，俾寧海尹郭尹紳重刻之，顧其所取，博而未精，識者以爲憾。

正德庚辰（十五年）刑書姑蘇顧公璘守臺，刪正訛謬，定爲文二十二卷、詩二卷，刻置郡齋，則今集是也。歲久，字漫滅不可讀。

嘉靖辛酉（四十年）提學憲副華亭范君惟一，分巡僉憲南昌唐堯臣、臺守吳郡王君可大，相與校刻以傳，蓋集至是四易版矣。……

先是，刻成未有識歲月者，萬曆乙亥（三年）秋分巡憲姑蘇王君嘉言以書屬階序。

丁、遜志齋集二十四卷附外紀二卷　明方孝孺撰

明萬曆壬子（四十年）丁賓等校刊本

國立中央圖書館藏有一部，二十四册。板框高二一·六公分，寬一五公分。每半葉十行，行二十字，四周皆單欄，花口：題「遜志齋集」，魚尾下刻卷數、葉數，間有刻工姓名和字數。卷內題目下刻「南京探江都御史嘉善丁賓、南京翰林院孔目仁和錢養庶、南京鴻臚寺卿歸安錢上完、南京禮部司務仁和羅大冠仝校，南京掌翰林院諭德餘姚孫如游訂正、後學上元姚履旋參閱」。

關於此刊，前有萬曆壬子年餘姚孫如游所撰之重刻正學方先生文集序，云：

維時大中丞丁公、大鴻臚錢公曁余協謀重梓，稽衆僉同，爰發公幣羨金，俾授剞劂，而先生裔孫諸生道行出家藏舊本，屬翰林孔目錢君、禮部司務羅君讎校之，訂訛補缺，凡四閱月而梓成。

此外，又收趙洪、唐堯臣、范惟一、林右、王紳等序，卷後並附張弼、顧璘之跋。

此刊之凡例，各條皆如嘉靖范惟一刊本，但在附錄下又增三行小字：「今因又有復姓、

祠墓等事，益以弔祭者詩文益多，不能悉附，將附錄分出，幷新增者改爲外紀。」此是外紀二卷之由來。

凡例之後並附助刻各裔門姓氏，亦有像贊；其次爲目錄、正文，外紀另附，前有姚履旋於萬曆四十年所撰之小引，其目錄中所列，既分類，又有題目及作者姓名，文分上、下二卷。

整個說來，丁賓刊本實沿范惟一刊本而重刊，除去版式、及附錄、外紀之不同，其餘部分可視爲覆刊。

萬曆刊本稍後曾經過修補，國立中央圖書館及故宮各藏一部，各十二册，皆收有徐階的重刊遜志齋集序。

十、瞿佑

歸田詩話三卷　明瞿佑撰

明成化三年刊本

國立中央圖書館藏有一部，二册。板框高一九・九公分，寬一三・八公分。每半葉十一行，行二十三字。四周皆單欄，黑口，雙魚尾間刻有書名及卷序。

四庫總目提要云此刻：

佑永樂中以作詩事繫獄戍保安，至洪熙乙巳始赦歸。據所自序，援歐陽修歸田錄爲例，則似成於放還後，而末一條敍塞垣事，稱尚留滯於此，未得解脫，又似戍所之語。殆創藁於保安，歸乃成帙歟？（註一三）

此帙前有莆田柯潛歸田詩話序，撰於成化三年。又有歸田詩話錄序，署成化三年「浙江辛卯解元八十翁錢唐木訥書」，其序云：

凡一百二十條，析爲上中下三卷，目曰歸田詩話錄，先生自述其事弁諸首。

其一百二十條分配於三卷，各得四十條。

另外還有一篇瞿佑序，即四庫提要所云者，撰於洪熙乙巳（元年）。此外無他跋，但有清代黃丕烈手書之題記。依四庫總目提要及丁丙善本書室藏書志所載，均言弘治中廬陵陳敍再刻，易名爲「存齋詩話」，但此本今未見。

十一、葉子奇

甲、草木子四卷　明葉子奇撰

明正德丙子（十一年）葉溥福州刊本

國立中央圖書館藏有兩部，皆四册。板框高二〇・三公分，高一四・五公分。每半葉九行，行二十一字。四邊單欄，白口，版心間刻有大題、葉數，下有小題，一如目錄所分：卷一，管窺篇、觀物篇，卷二，原道篇、鉤元篇，卷三，克謹篇、雜制篇，卷四，談藪篇、雜俎篇。但小題刻法十分特殊，採篆印形式，兩字皆黑底白文，並打橫並列版心左右兩面。首卷題目次行刻「括蒼龍泉葉子奇世傑著」，他卷則無。

此帙前有正德丙子鐵橋道人南海黃衷「草木子序」及洪武十一年葉子奇自敍。葉序自云：

洪武戊午春……予適至學亦以株連而就逮，幽憂於獄，恐一旦身先朝露與草木同腐，實悲切之，……圄中獨坐，閑而無事，見有舊籖薄爛碎，遂以瓦研墨，遇有所得即書之，日積月累，忽然滿卷，然其字畫模糊，略辨而已，及事得釋，歸而續成之，曰草木子。

黃序云：

舊篇二十有二，今約爲八，凡四卷，先生別號草木子，編因名焉。裔孫溥以南司諫出牧福州，既卓樹其風聲，將厥先美憲于有永，乃付梓工而委予續其端。

中圖所藏其中一部卷末還收有一篇正德丙子鄭善夫的「敍草木子后」：

所著有……草木子二卷。草木子成於洪武戊午幽纍中。……草木子云者，草計時，木計歲，自況其生而傷乎其言也。……舊本凡二十八篇，今纂爲四，……其七代宗子殺青而行之，并曰草木子。

由黃序、鄭跋，知此刊非草木子之最早刻本，但二人所云舊刻卷數不同，四庫全書總目提要亦曾注意及此：

> 此書黃衷序云二十二篇，鄭善夫序又云二十八篇，正德丙子，其裔孫溥以南京御史出知福州，重刻之，約爲八篇，曰管窺、曰觀物、曰原道、曰鉤元、曰克謹、曰雜制、曰談藪、曰雜俎，每二篇爲一卷，即此本也。（註一四）

黃、鄭所言舊本卷數雖然不同，但由四庫提要可知八卷刊本最早始於正德十一年葉溥所刻無疑。

故宮藏有一部二册本，不詳其刊印之確切年代，或簡注爲明刊本，或詳注爲正德丙子葉溥福州刊本，今觀其版式，四邊皆雙欄，且版心間小題刻法如大題，並非中圖所藏刊本之印章形式，但除版式以外，字體絕相類，行款全同，其餘形式亦無差別，可見彼此雖非同一版本，但有倣刻之性質，且以紙質觀之，中圖所藏版本確爲正德間刊印者無訛，然故宮所藏版本卻有清王韜的題記，認定此帙爲正德初刊本。究竟中圖所藏與故宮所藏兩種刊本彼此的倣刻情形與刊印時代詳情如何，仍然有待他日訪考。

故宮藏本只有葉子奇自敍，黃、鄭二序跋則未見，但有清光緒間王韜朱墨批校及手書之題記數則。

乙、草木子四卷　明葉子奇撰

明萬曆庚辰（八年）重刊鈔補本

國立中央圖書館藏有一部，三册。板框高一九・三公分，高一四・三公分。每半葉十行，行二十字。四周單欄，花口：刻「萬曆庚辰刊」，魚尾下刻書名、頁數；卷內題目次行刻「括蒼龍泉葉子奇世傑著」。目錄四卷，各分上、下而附一小題。

此帙前附葉子奇、黃衷二序，自卷三下起均爲抄補。本刊本重刊於萬曆八年，本應有林大黼的「重校草木子跋」，但此帙卻佚其跋，今從他本鈔錄如下：

括蒼葉先生所著草木子二册梓於閩省者，正德丙子其宗孫福州守也。迨梓于臺署者，蓋不知爲何時。若重梓則嘉靖癸卯（二十二年）黃巖王君識之矣。由癸卯抵今歷三朝，今更四紀，是宜其板之漫滅而日刓也。黼因重校而梓之。（萬曆八年）

誌　後

以上所述諸版本大抵是以個人爲主，由子孫或弟子門人加以整理刊刻之私家刻本，或以地方爲主，由地方長官主持鋟梓之官刻本，一般坊刻本幾乎未見；而無論家刊或官刻都能屢加重刊，歷久不衰，尤以宋濂、劉基、方孝孺三人爲然，可見其詩文、功烈之影響緜延不絕，此亦明初越派文學批評家詩文版本之一大特色。

【附註】

註　一　葉氏據劉基序而定爲八年刊本實誤，此由鄭濟序可知洪武十年始刊，見前文所述。

註　二　林佶跋中云：「錢虞山受之云：丙戊年曾於內殿見此集，正學氏名皆用墨塗乙，蓋猶遵革除舊禁也。」

註　三　見四庫全書總目提要卷三十三集部別集類二十二誠意伯文集條。

註　四　同註三。

註　五　見四庫全書總目提要卷三十三集部別集類二十二王忠文公集條。

註　六　同註五。

註　七　見四庫全書總目提要卷三十三集部別集類二十二胡仲子集條。

註　八　同註七。

註　九　見四庫全書總目提要卷三十三集部別集類二十二密菴集條。

註一〇　原文作「二」，後又塗去，在旁加「三」。

註一一　四庫館臣或不知尚有天順中刊行之蜀本。

註一二　見四庫全書總目提要卷三十三集部別集類二十三遜志齋集條。

註一三　見四庫全書總目提要卷四十集部詩文評類存目歸田詩話條。

註一四　見四庫全書總目提要卷二十四子部雜家類六草木子條。

重要參考書目

一、經部

毛詩　藝文印書館

論語　藝文印書館

孟子　藝文印書館

二、史部

元史　宋濂等　藝文印書館

新元史　柯劭忞　藝文印書館

明實錄　中央研究院史語所影印本

明史　張廷玉　鼎文書局

明會要　龍文彬　世界書局

明代史　孟森　華世書局

列朝詩集小傳　錢謙益　世界書局

圖書編　章潢　臺灣商務印書館四庫珍本

廿二史劄記　趙翼　世界書局

三、子部

荀子　荀況　世界書局

法言　揚雄　世界書局

抱朴子　葛洪　臺灣中華書局

草木子　葉子奇　日本寛文九年刻本

四、集部別集類

清江集　貝瓊　四部叢刊本

臨安集　錢宰　中央圖書館藏舊鈔本

胡仲子集	胡　翰	明洪武辛酉刊本
宋文憲公全集	宋　濂	四部備要本
宋景濂未刻集	宋　濂	臺灣商務印書館四庫全書本
誠意伯文集	劉　基	四部叢刊本
白雲稿	朱　右	臺灣商務印書館四庫珍本
王忠文公文集	王　褘	明正統間刊本
密庵集	謝　肅	國立故宮博物院藏明天啓五年上虞謝偉重刊本
蘇平仲文集	蘇伯衡	四部叢刊本
柘軒集	凌雲翰	史語所藏舊鈔本
始豐稿	徐一夔	清文淵閣四庫全書本
春草齋集	烏斯道	明崇禎二年刊本
坦齋文集	葉　砥	中央圖書館藏舊鈔本
遜志齋集	方孝孺	明正德庚辰刊本
永嘉先生集	張　著	中央圖書館藏舊鈔本

五、集部總集類

明文衡　程敏政　世界書局
明文在　薛熙　臺灣商務印書館
明詩綜　朱彝尊　世界書局
明詩別裁　沈德潛　臺灣商務印書館
唐宋文舉要　高步瀛　漢京文化事業公司
明代文學批評資料彙編　葉慶炳、邵紅　成文出版社

六、集部詩文評類

歸田詩話　瞿佑　明成化三年刊本
詩話叢刊　近藤元粹編　弘道文化出版公司
歷代詩話　何文煥　藝文印書館
續歷代詩話　丁福保　藝文印書館
古今詩話叢編　廣文書局

詩藪	胡應麟	明崇禎五年重刊本
明詩紀事	陳田	鼎文書局

七、

中國文學批評史	郭紹虞	明倫出版社
中國文學批評史	羅根澤	明倫出版社
中國文學批評史	劉大杰	文匯堂
中國文學批評史大綱	朱東潤	開明書店
中國文學批評	方孝岳	清流出版社
中國文學批評論集	張　健	天華出版公司
中國文學理論	劉若愚著、杜國清譯	聯經出版事業公司
文學概論	王夢鷗	帕米爾書店
中國詩學	黃永武	巨流圖書公司
詩論分類纂要	朱任生	臺灣商務印書館
遼金元文學史	吳　梅	河洛圖書出版社

元代文學批評之研究　朱榮智　聯經出版事業公司
明代文學　錢基博　明倫出版社
明代文學史　宋佩韋　臺灣商務印書館
明清文學批評　張　健　國家出版社
清代詩學初探　吳宏一　牧童出版社

八、

圖書版本學要略　昌彼得、屈萬里著　中國文化大學出版社
潘美月增訂
中國古代書史　錢存訓　香港中文大學
書林清話　葉德輝　世界書局
中國南北文化觀　陳序經　牧童出版社
近代學風之地理的分佈　梁啓超　臺灣中華書局
中國文化地理　陳正祥　木鐸出版社
元代金華學述　孫克寬　東海大學

寒原道論　孫克寬　聯經出版事業公司
明人傳記資料索引　中央圖書館編
歷代人物年里碑傳綜表　姜亮夫　華世出版社
中國文學家大辭典　譚嘉定　世界書局
明代文學總目　政大中文研究所編
合印四庫全書總目提要及四庫未收書目禁燬書目　永瑢等　臺灣商務印書館
中國古今地名大辭典　臧勵龢　臺灣商務印書館

期刊論文

明代文人結社之研究　横田輝俊　廣島大學文學部紀要特輯號三
初明六大詩派之流變　李曰剛　師大學報第十八期
明人詩社之研究　黃志民　國立政治大學中文研究所碩士論文
明代之初期文學　羅寶册　北平師大月刊二期民國23年1月
明初的察舉　林麗月　明史研究專刊第一期

明初的科技及其沒落　陳進傳　明史研究專刊第二期

明代江南五府北差白糧　吳智和　明史研究專刊第一期

明初田賦考　清水泰次著、張錫綸譯　食貨半月刊四卷二期

明代江南地區水利事業之研究　蔡泰彬　明史研究專刊第五期

浙江藏書家考略　項士元　文瀾學報三卷一期26年3月
浙江省立圖書館編印

明初人才培養與登進制度及其演變　楊啓樵　新亞學報六卷二期1964 8. 1.

南宋金華三派學說概述　駱允治　文瀾學報三卷二期26. 2

述金華學派　高越天　浙江月刊五卷十期62. 10. 25.

明洪武建文朝別集考略　劉本棟　幼獅學誌九卷一期59. 3. 31.